本书是国家社会科学基金一般项目"大国竞争对我国集成电路产业链供应链安全影响研究"（23BGL044）的阶段性研究成果

湖北供应链创新发展报告 | 2023

湖北江城实验室
湖北供应链创新发展研究院
湖北科技产业信息研究中心

组织编写

杨道州　主　编
张治河　熊炳桥　副主编

知识产权出版社
全国百佳图书出版单位
—北京—

图书在版编目（CIP）数据

湖北供应链创新发展报告 . 2023 / 杨道州主编 . —北京：知识产权出版社，2024.12.
ISBN 978-7-5130-9751-2

Ⅰ. F259.276.3

中国国家版本馆 CIP 数据核字第 202487AG37 号

内容提要

本书深入分析了湖北省供应链的现状和未来发展趋势，构建了"四网"评价模型，对武汉都市圈、襄阳都市圈、宜荆荆都市圈以及湖北省17个市（州）的供应链发展水平进行了全面的评估，还介绍了湖北省的供应链相关政策、典型企业等。本书提出筑牢"地网"基础、提升"天网"能级、强化"金网"支撑、做强"商网"体系、加强协同联动等建议，旨在为推进湖北省供应链的创新发展提供参考。

责任编辑：李　潇　刘晓琳	责任校对：谷　洋
封面设计：商　宓	责任印制：刘译文

湖北供应链创新发展报告（2023）

湖 北 江 城 实 验 室
湖北供应链创新发展研究院　组织编写
湖北科技产业信息研究中心

杨道州　主　编
张治河　熊炳桥　副主编

出版发行：知识产权出版社 有限责任公司	网　　址：http://www.ipph.cn
社　　址：北京市海淀区气象路50号院	邮　　编：100081
责编电话：010-82000860 转 8133	责编邮箱：191985408@qq.com
发行电话：010-82000860 转 8101/8102	发行传真：010-82000893/82005070/82000270
印　　刷：北京建宏印刷有限公司	经　　销：新华书店、各大网上书店及相关专业书店
开　　本：720mm×1000mm 1/16	印　　张：8.5
版　　次：2024年12月第1版	印　　次：2024年12月第1次印刷
字　　数：147千字	定　　价：98.00元

ISBN 978-7-5130-9751-2

出版权专有　侵权必究
如有印装质量问题，本社负责调换。

编写组

主　　　编： 杨道州

副 主 编： 张治河　熊炳桥

编写组成员： 王石宇　成　升　雷紫雯　李伟庆

　　　　　　　张雅婧　张　千　王群超　胡秋雨

　　　　　　　张　晴　黎润瑾　张瑞东　熊婧文

　　　　　　　徐港洲

前言
PREFACE

　　大力发展现代化供应链是维护产业链供应链安全稳定的迫切需要，是建设现代化经济体系、推进中国式现代化的重要引擎，是应对复杂多变国际政治经济环境、构筑国际竞争新优势的有力支撑。党的二十大报告强调"着力提升产业链供应链韧性和安全水平""确保粮食、能源资源、重要产业链供应链安全"。湖北省深入贯彻落实党中央关于供应链发展的决策部署，逐渐形成具有湖北特色的"供应链思维"，"以供应链体系建设为突破口，打造新时代'九州通衢'"成为湖北省加快建设全国构建新发展格局先行区、加快建成中部地区崛起重要战略支点、奋力推进中国式现代化湖北实践的重要抓手。

　　本书以湖北省17个市（州）为研究对象，通过建立"四网"（"地网""天网""金网""商网"）评价模型，分析了湖北省、湖北省三大都市圈以及各市（州）供应链发展水平。

　　"地网"在供应链体系建设中，是指通过优化物流基础设施，构建起的高效、便捷的物流网络。这个网络不仅包括传统的交通运输系统，还涵盖了现代物流中心、仓储设施、配送网络等，以实现物资的快速流通和供应链的高效运作。"地网"的建设对于提升区域物流效率、降低物流成本、增强产业集聚效应、加强国际物流综合能力以及强化现代物流战略支撑和引领能力具有重要意义。

　　"天网"在供应链体系建设中，是指利用大数据、云计算、物联网、人工智能等新兴技术构建的信息网络。这个网络通过整合供应链上下游的信息流，实现数据的实时共享和智能分析，从而提高供应链的透明度、响应速度和决策效率。"天网"的建设有助于提升区域供应链的智能化水平，能够促进供应链各环节之间的协同合作，通过共享信息和资源，降低整个供应链的运营成本，提高对市场变化的适应性，增强其在国内外市场的竞争力。

"金网"在供应链体系建设中，是指供应链的金融服务网络。这个网络通过整合金融机构、供应链企业、政府部门等多方资源，为供应链中的企业提供定制化的金融服务，包括但不限于融资、结算、保险、风险管理等。"金网"的建设有助于解决中小企业融资难、融资贵的问题，通过提供一个高效、透明的金融信息服务平台，促进金融服务供需对接以及产业链和资金链的深度融合，为区域经济的发展提供强有力的金融支持。

"商网"在供应链体系建设中，是指以电子商务、在线市场、跨境贸易等为代表的商业交易网络，还包括供应链管理、物流配送、支付等多个环节的数字化和网络化。这个网络通过数字化手段，打破地域和时间的限制，实现商品和服务的全球流通。"商网"的建设有助于拓宽区域内企业的市场渠道，提高交易效率，促进内外贸的融合发展，实现资源的优化配置和产品的快速流通，降低企业成本，提高企业运行效率，并提升企业的市场竞争力，从而促进区域经济的多元化发展。

通过"四网"评价模型分析，本书得出了供应链发展水平与地区经济发展水平和产业结构优化强相关、"立足供应链、重塑产业链、提升价值链"的湖北实践成效初显、供应链成为区域发展"共赢链"等结论，并结合发展实际提出了要筑牢"地网"基础、提升"天网"能级、强化"金网"支撑、做强"商网"体系、加强协同联动等对策建议，为湖北省构建供应链生态体系提供参考。

目 录
CONTENTS

1　湖北省供应链发展概述 / 1

1.1　现代化供应链体系成为产业经济高质量发展的重要支撑 / 1
1.2　供应链体系建设是湖北省构建现代化产业体系的重要抓手 / 2
1.3　推进"四网"建设成为湖北省构建供应链体系的重要路径 / 2

2　湖北省供应链发展评估体系 / 3

2.1　评估原则 / 3
2.2　指标体系 / 3
2.3　评估方法 / 5

3　湖北省供应链发展水平综合分析 / 7

3.1　湖北省供应链发展水平总体情况分析 / 7
3.2　湖北省供应链"四网"发展水平分析 / 13

4　湖北省三大都市圈供应链发展水平分析 / 19

4.1　三大都市圈总体情况分析 / 19
4.2　武汉都市圈供应链发展水平分析 / 21
4.3　襄阳都市圈供应链发展水平分析 / 22
4.4　宜荆荆都市圈供应链发展水平分析 / 24

5 湖北省各市（州）供应链发展水平分析 / 27

5.1 武汉市 / 27

5.2 宜昌市 / 30

5.3 襄阳市 / 32

5.4 荆州市 / 35

5.5 黄石市 / 37

5.6 十堰市 / 40

5.7 黄冈市 / 42

5.8 荆门市 / 45

5.9 孝感市 / 47

5.10 鄂州市 / 50

5.11 咸宁市 / 52

5.12 随州市 / 55

5.13 恩施土家族苗族自治州 / 57

5.14 潜江市 / 59

5.15 仙桃市 / 62

5.16 天门市 / 64

5.17 神农架林区 / 66

6 全国副省级城市供应链发展水平分析 / 69

6.1 全国副省级城市供应链发展水平总体情况 / 69

6.2 副省级城市供应链"四网"发展水平 / 74

6.3 小结 / 80

目 录

7 "立足供应链、重塑产业链、提升价值链"的湖北实践成效分析 / 82

7.1 武汉经济技术开发区以供应链体系建设"重塑"汽车产业供应链新生态 /82

7.2 宜昌市完善供应链体系引领"宜荆荆"打造世界级磷化工产业集群 /83

7.3 黄冈市搭建供应链体系助力特色农产品迈向价值链中高端 /84

7.4 仙桃市以供应链体系建设推动纺织服装产业突破性发展 /85

7.5 潜江市升级供应链体系延伸小龙虾产业链价值链 /86

7.6 小结 /87

8 主要结论 / 89

8.1 供应链发展水平与经济发展水平和产业结构优化强相关 / 89

8.2 "立足供应链、重塑产业链、提升价值链"的湖北实践成效初显 / 90

8.3 供应链成为区域发展"共赢链" / 91

9 对策建议 / 92

9.1 筑牢"地网"基础，夯实供应链发展根基 / 92

9.2 提升"天网"能级，促进供应链资源聚集 / 93

9.3 强化"金网"支撑，激发供应链发展活力 / 95

9.4 做强"商网"体系，营造供应链良好环境 / 96

9.5 加强协同联动，保障产业链供应链安全稳定 / 97

10 附录 / 100

10.1 湖北省供应链相关政策简介 / 100

10.2 湖北省供应链典型企业简介 / 106

10.3 湖北省供应链创新发展大事记（2022—2023 年）/ 113

1 湖北省供应链发展概述

1.1 现代化供应链体系成为产业经济高质量发展的重要支撑

党的十八大以来，习近平总书记心系产业链供应链发展，多次作出重要指示，强调"要把增强产业链韧性和竞争力放在更加重要的位置，着力构建自主可控、安全高效的产业链供应链""保障区域产业链供应链稳定畅通"。2024年《政府工作报告》更是将推动产业链供应链优化升级作为2024年政府工作任务之一，并提出"增强产业链供应链韧性和竞争力"。现代化供应链体系是一个生态系统，通过系统内各环节的协同和优化，使系统达到效率最高、成本最低，更好地支撑产业链发展。随着全球化和信息化的发展，现代化供应链体系在产业经济中发挥着越来越重要的作用，它不仅连接生产、流通和消费各个环节，还通过优化资源配置、降低成本、提高效率等方式，促进产业转型升级，增强产业链韧性；同时，现代化供应链体系通过精准对接市场需求，快速响应市场变化，灵活调整生产和物流计划，并通过整合供应链上下游资源，推动产业协同发展，提升产业整体竞争力，现代化供应链体系已成为产业经济高质量发展的重要支撑。

1.2 供应链体系建设是湖北省构建现代化产业体系的重要抓手

湖北省作为我国主要经济区的几何中心，区位交通条件优越，习近平总书记更是赋予湖北"建成支点、走在前列、谱写新篇"的重大历史使命。湖北省作为国内最早一批迈入工业化进程的地区，全省产业门类齐备，是全国为数不多的拥有全部41个行业大类、207个行业中类的省份之一，已形成了光电子信息、生命健康等五大优势产业。近年来，湖北省坚决贯彻落实中共中央、国务院关于确保产业链供应链安全稳定的有关精神，把供应链体系建设摆在战略和全局位置来抓，强化全省供应链发展一盘棋，在全省范围内广泛宣讲"供应链思维"，并强化政策和要素支持，围绕大宗商品、汽车、纺织、医药等重点产业和重点领域搭建供应链平台，汇聚生产服务要素，促进供需对接，融合国企民企，推动供应链与产业链发展，带动优势产业突破性发展和传统产业转型升级，助力构建现代化产业体系，促进经济社会高质量发展。

1.3 推进"四网"建设成为湖北省构建供应链体系的重要路径

湖北省围绕供应链"四网"加快供应链体系建设，打造新时代"九州通衢"。物流"地网"是打造新时代"九州通衢"的基础要素，信息流、资金流、商流的畅通建立在便利的交通通达性之上，同时物流是产业的载体，是形成"九州通衢"集聚性的前提。数字化"天网"是打造新时代"九州通衢"的竞争要素，大数据、物联网、人工智能等新兴技术的应用能力决定了供应链的速度和效能，数智化供应链成为增强区域竞争力与发展新势能的关键变量。供应链"金网"是打造新时代"九州通衢"的催化要素，供应链金融作为连接金融和实体经济的重要纽带，精准服务不同企业的金融需求，有效推动产业链、资金链协同发展和渗透融合，为实体经济发展注入新动能。贸易"商网"是打造新时代"九州通衢"的决定要素，贸易是实现产品价值的最终方式，通过畅通内外贸渠道，促成供需双向有效对接，实现产品交易和价值提升，奠定产业集群发展的基础，筑牢湖北建设国内大循环重要节点和国内国际双循环重要枢纽的根基。

2 湖北省供应链发展评估体系

2.1 评估原则

湖北省供应链发展评估体系设计遵循以下原则。

——科学性原则。坚持供应链实践与理论研究相结合，使各项指标充分体现市（州）供应链发展特征，保证评估体系完整、可行。

——代表性原则。能够通过适量指标反映供应链整体发展特征，避免指标庞杂带来的低效率。

——可量化原则。选取与设定评估指标要求含义明确，数据可获得、可计算。

——弹性原则。能够根据新形势新要求以及实际情况进行动态微调，保障评估体系的可持续。

2.2 指标体系

物流、信息流、资金流、商流是构成供应链的基础，结合市（州）供应链发展的要素和特征，本体系从"地网""天网""金网""商网"四个维度构建了供应链发展评估模型，其中"地网"反映区域供应链物流基础能力，"天网"反映区域供应链信息化支撑能力,"金网"反映区域供应链金融服务水平,"商网"反映区域商贸服务发展竞争力。"四网"模型结合统计学原理和计量分析方法,根据相关统计量进行判别,保证可解释性在较优的水平上,以准确性最高的法则确定指标,最终构建形成包含 4 个一级指标、14 个二级指标等在内的供应链发展评估体系(见表 2-1)。

表 2-1 市(州)供应链发展评估体系

一级指标	二级指标	三级指标
"地网"	物流基础设施	内河航道里程
		公路网密度
	物流规模	航空货邮吞吐量
		公路货运量
		港口货物吞吐量
		铁路货运量
		邮政业务收入
	物流主体质量	A级及以上物流企业数量
	物流发展成效	物流类省级以上资质
"天网"	信息基础设施	每万人5G基站数量
	数字化规模	数字经济核心产业增加值
		电信业务收入
		固定互联网宽带接入用户数量
		供应链信息化企业数量
	数字化率	公共信息资源社会开放率
	数字化发展成效	数字化类省级及以上资质
"金网"	金融服务规模	供应链金融企业数量
		供应链金融企业资产规模
		金融发展整体水平
	金融市场主体质量	供应链上市企业数量
		供应链上市企业总资产周转率
		供应链上市企业应收账款周转率
		供应链上市企业资产负债率
	金融覆盖广度	数字普惠金融覆盖广度

续表

一级指标	二级指标	三级指标
"商网"	贸易规模	社会消费品零售总额
		进出口总额
		实际利用外资
		限额以上批发和零售法人企业流动资产合计
	贸易结构	进出口总额占地区生产总值比率
	贸易发展成效	贸易类省级以上资质

2.3 评估方法

2.3.1 标准化处理

本体系采用极差标准化法对样本数据进行标准化处理，具体如式（2-1）和式（2-2）所示。

$$S_{ij}=\frac{x_{ij}-\min(x_j)}{\max(x_j)-\min(x_j)} \quad （正向指标） \tag{2-1}$$

$$S_{ij}=\frac{\max(x_j)-x_{ij}}{\max(x_j)-\min(x_j)} \quad （负向指标） \tag{2-2}$$

式中，x_{ij} 和 S_{ij} 为第 i 个区域第 j 个指标在评估年度的原始数据以及标准化后的值；$\max(x_j)$ 和 $\min(x_j)$ 为各区域第 j 个指标的最大值与最小值。

2.3.2 评价方法

（1）权重确定。

本书采用主观与客观相结合的方式确定权重，其中主观方法为 Delphi 法，客观方法为机器学习算法。Delphi 法确定一级、二级指标权重，机器学习算法确定三级指标权重。

首先，使用 Delphi 法确定经验权重，向相关领域专家发放问卷，归纳统计后再匿名反馈给各专家，如此反复五轮，最终得到二级指标经验权重，一级指标权重为对应二级指标权重之和。

其次，以 Delphi 法确定的权重和相关领域专家的先验知识为标准，采用监督式的 XGboost 等机器学习算法，从历史数据拟合出相关指标的权重。

（2）加权综合。

加权计算是分层逐级进行的，在基础指标无量纲化后，结合机器学习算法权重得到三级指标得分，再与经验权重加权得到二级指标得分，最后加总得到一级指标得分。

（3）其他需要说明的问题。

本书的研究数据来源于四个方面。第一是2019—2022年湖北省及各市（州）国民经济和社会发展统计公报、2020—2023年湖北省及各市（州）统计年鉴数据；第二是商务部、国家发展和改革委员会、交通运输部等国家部委发布的统计数据；第三是中国物流与采购联合会官网、企查查、天眼查等第三方网站的统计数据；第四是涉及的部分缺失数据通过线性插值法、特殊值填充法、平均值填充法、热卡填充法等予以补齐。

Delphi法自20世纪中叶由兰德公司创立，被广泛用于科技预测、政策分析等领域，因其结构化、匿名性而确保了专家意见的独立性和客观性。通过多轮征询和反馈，该方法提炼专家共识，减少权威影响和群体压力，提高决策的科学性和权威性。其实施过程遵循明确步骤和统计分析，增强了结果可靠性，被视为权威的专家咨询和决策支持工具。

XGBoost自2014年推出，迅速成为机器学习领域的热门算法。它通过正则化和二阶泰勒展开优化目标函数，自动处理数据缺失，支持并行与分布式计算，高效处理稀疏数据，提高模型预测精度和运算效率。XGBoost在数据科学竞赛中屡获佳绩，并在医疗、金融等领域得到实际应用验证，其理论与实践的结合及学术探讨，证明了其作为先进机器学习工具的可靠性和有效性。

本书将Delphi法与XGBoost算法结合用于构建供应链评价指标体系。首先，利用Delphi法匿名征询确定指标的权重，根据几轮反馈调整，得到较统一的结论，确保得到权重的有效性。其次，采用监督式的XGboost等机器学习算法对数据进行深入分析，优化模型，从历史数据拟合出相关指标的权重，作为最终结果。这种融合传统与现代技术的方法，增强了评价体系的可靠性和实用性，为湖北省供应链发展提供了有力的决策支持。

3 湖北省供应链发展水平综合分析

3.1 湖北省供应链发展水平总体情况分析

3.1.1 各市（州）供应链发展水平综合得分及排名情况

2022 年，湖北省各市（州）供应链发展水平综合得分及排名情况如表 3-1 所示。

表3-1　2022年各市（州）供应链发展水平综合得分及排名

市（州）	综合得分	排名
武汉市	95.77	1
宜昌市	39.60	2
襄阳市	31.04	3
荆州市	26.22	4
黄石市	23.38	5
十堰市	22.92	6
黄冈市	20.32	7
荆门市	20.23	8
孝感市	17.28	9

续表

市（州）	综合得分	排名
鄂州市	16.88	10
咸宁市	13.72	11
随州市	12.40	12
恩施土家族苗族自治州	10.49	13
潜江市	10.04	14
仙桃市	9.53	15
天门市	7.03	16
神农架林区	2.77	17

武汉市全面领先，宜昌市、襄阳市紧随其后，三个城市领跑全省。其中，武汉市以综合得分95.77排名第1位，与其他市（州）拉开较大差距，且"四网"排名均居全省首位，示范引领作用显著。宜昌市、襄阳市充分发挥全省省域副中心城市的优势，在全省供应链发展格局中的"双支柱"地位基本形成。荆州市、黄石市、十堰市、黄冈市、荆门市、孝感市、鄂州市入围前十位。

3.1.2 供应链发展水平梯度分布情况

2022年，湖北省供应链发展水平梯度分布情况如表3-2所示。

表3-2　2022年湖北省供应链发展水平梯度分布情况

类别	市（州）	得分	特征
第一梯队	武汉市 宜昌市 襄阳市	[30, 100)	四个一级指标表现较为均衡，供应链整体发展水平处于全省领先地位
第二梯队	荆州市 黄石市 十堰市 黄冈市 荆门市 孝感市 鄂州市	[15, 30)	四个一级指标表现各有侧重，供应链发展具有较大潜力

续表

类别	市（州）	得分	特征
第三梯队	咸宁市 随州市 恩施土家族苗族自治州 潜江市 仙桃市 天门市 神农架林区	[0, 15)	四个一级指标都有较大的提升空间，供应链发展水平一般，亟待提升

从发展水平的角度看，湖北省供应链发展水平可根据综合得分分为三个梯队。第一梯队为武汉市、宜昌市、襄阳市，综合得分在 30 分（含 30 分）至 100 分之间。第二梯队包含荆州市、黄石市等 7 个市（州），综合得分在 15 分（含 15 分）到 30 分之间。第三梯队包含咸宁市、随州市等 7 个市（州），综合得分在 15 分以下。第一梯队城市占比约为 17.60%，第二梯队与第三梯队城市各占比约 41.20%，湖北省供应链发展水平整体具有较大的提升空间。

从"四网"的角度看，17 个市（州）在"地网""天网""金网""商网"四个维度的得分分布不均衡，四个维度的得分高于 15 分的市（州）数量占比分别为 64.71%、70.59%、76.53%、47.06%，得分低于 10 分的市（州）数量占比分别为 17.65%、0%、23.53%、41.12%。由此可见，在"商网"维度中，其他市（州）与第一梯队市（州）的发展差距更大，应注重加强贸易水平，促进均衡发展，形成良好、稳定的发展格局。

3.1.3　2020—2022 年各市（州）供应链综合得分增长率情况

2020—2022 年综合得分平均增速体现出各市（州）供应链的发展前景，从总体来说，17 个市（州）综合得分平均增速均高于 14.00%（见表 3-3）。其中，综合得分排名第 1 位的武汉平均增速为 14.49%，呈现出稳中向好的态势，综合得分排名靠后的神农架林区 2020—2022 年平均增速高达 68.89%，展示出其强大的发展潜力。除武汉、神农架林区外，其他市（州）增速均在 16.00%～24.00%，可见湖北省供应链整体发展水平处于上升期，供应链发展动力强劲。

表3-3　2020—2022年各市（州）供应链综合得分平均增速及排名

市（州）	综合得分排名（2022年）	2020—2022年综合得分平均增速	2020—2022年综合得分平均增速排名
武汉市	1	14.49%	17
宜昌市	2	22.91%	4
襄阳市	3	21.16%	7
荆州市	4	17.04%	15
黄石市	5	17.71%	14
十堰市	6	22.09%	6
黄冈市	7	23.34%	3
荆门市	8	23.54%	2
孝感市	9	18.50%	11
鄂州市	10	22.38%	5
咸宁市	11	16.51%	16
随州市	12	20.43%	8
恩施土家族苗族自治州	13	18.96%	10
潜江市	14	18.39%	12
仙桃市	15	18.25%	13
天门市	16	19.28%	9
神农架林区	17	68.89%	1

综合得分位于前5名的市（州）均呈现三年综合得分逐年上升的趋势（见图3-1）。宜昌市、襄阳市的三年平均增速均高于20.00%，在综合得分位于前5位的城市中分别排名第1位与第2位，说明省城副中心城市的发展势头强劲，与荆州市、黄石市的差距在近年逐渐增大。

3 湖北省供应链发展水平综合分析

图3-1 综合得分前5名市（州）三年综合得分及平均增速

3.1.4 三大都市圈空间布局情况

武汉都市圈、宜荆荆都市圈、襄阳都市圈供应链发展格局初步形成。从所属地域来看，2021年和2022年，综合得分排名位于前十位的城市均匀分布在武汉都市圈、宜荆荆都市圈、襄阳都市圈三大都市圈。武汉市、宜昌市、襄阳市作为三大都市圈龙头，引领区域发展的作用凸显。

武汉都市圈包括武汉市、黄石市、鄂州市、黄冈市、孝感市、咸宁市、仙桃市、天门市、潜江市；襄阳都市圈包括襄阳市、十堰市、随州市、神农架林区；宜荆荆都市圈包括宜昌市、荆州市、荆门市、恩施土家族苗族自治州。

3.1.5 供应链发展水平与市（州）地区生产总值、产业结构的关联性分析

各市（州）供应链发展水平与经济发展水平具有强关联性。供应链发展综合得分与各市（州）地区生产总值水平的皮尔森相关系数达0.983，说明两者具有强关联性，且相关系数高于省级行政区层面的数据。此外，供应链发展综合得分与第一产业、第二产业和第三产业增加值的皮尔森相关系数分别为0.555、0.980和0.972，显示市（州）供应链发展水平与第二产业、第三产业增加值具有较强关联性，同时前一年供应链发展水平与第二产业、第三产业增加值总和的相关性在2020

11

年、2021年、2022年分别为0.987、0.983和0.985（经统计测算具有显著性），体现出供应链发展在推动现代化产业体系建设的重要作用。在市（州）层面，供应链发展水平对推动区域经济发展、产业优化升级的作用体现得更为直接。2022年，各市（州）供应链发展综合得分与地区生产总值的关联分析如图3-2所示，各市（州）供应链发展综合得分与第二产业、第三产业增加值的关联分析如图3-3所示。

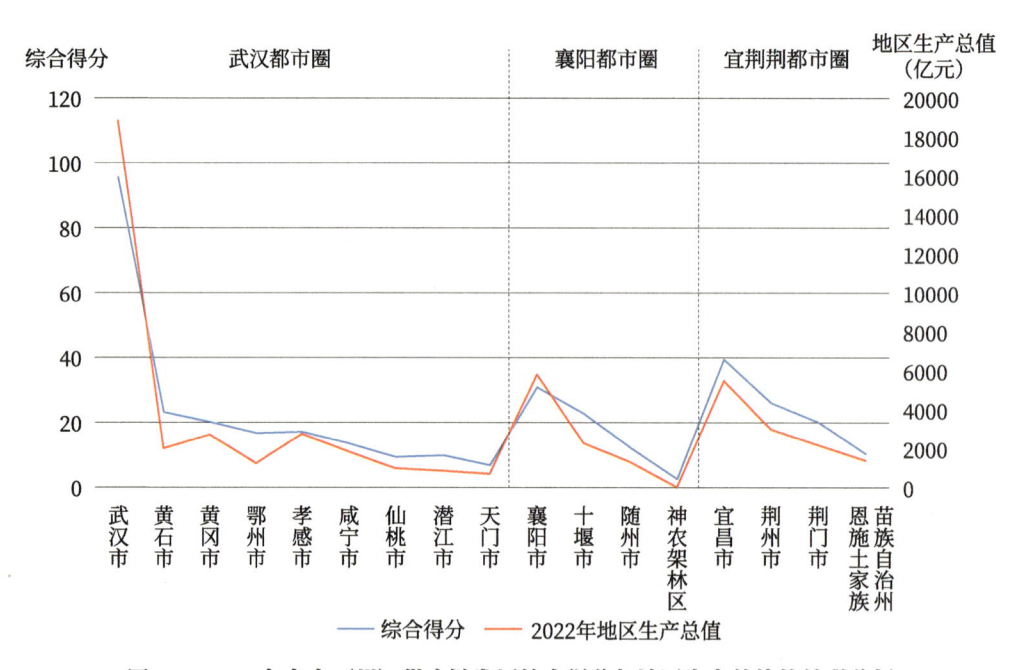

图3-2　2022年各市（州）供应链发展综合得分与地区生产总值的关联分析

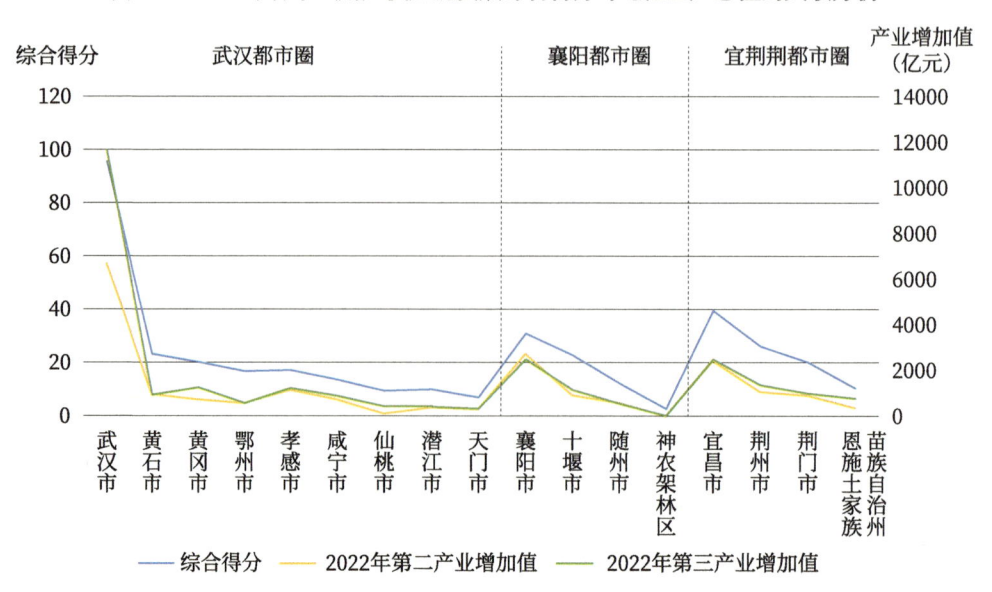

图3-3　2022年各市（州）供应链发展综合得分与第二产业、第三产业增加值的关联分析

3.2 湖北省供应链"四网"发展水平分析

3.2.1 "地网"整体发展趋势

湖北省"地网"呈"枢纽引领、多点支撑"的发展格局。武汉市"地网"发展水平稳居第一位，宜昌市、襄阳市入围前三位，武汉市得分远高于其他市（州），宜昌市"地网"发展也处于相对优势地位。第二梯队市（州）间"地网"得分差距较小，第三梯队市（州）整体"地网"得分较低。2022 年，各市（州）"地网"得分与排名情况如表 3-4 所示，"地网"得分排名前十位的市（州）与其综合得分比较如图 3-4 所示。

表3-4 2022年各市（州）"地网"得分与排名情况

市（州）	得分	排名
武汉市	93.51	1
宜昌市	45.45	2
襄阳市	30.19	3
荆州市	29.70	4
黄石市	23.69	5
十堰市	23.62	6
黄冈市	21.55	7
鄂州市	19.87	8
荆门市	19.18	9
孝感市	16.53	10
咸宁市	15.64	11
天门市	12.51	12
仙桃市	12.38	13
潜江市	11.76	14
恩施土家族苗族自治州	9.08	15
随州市	9.00	16
神农架林区	0.33	17

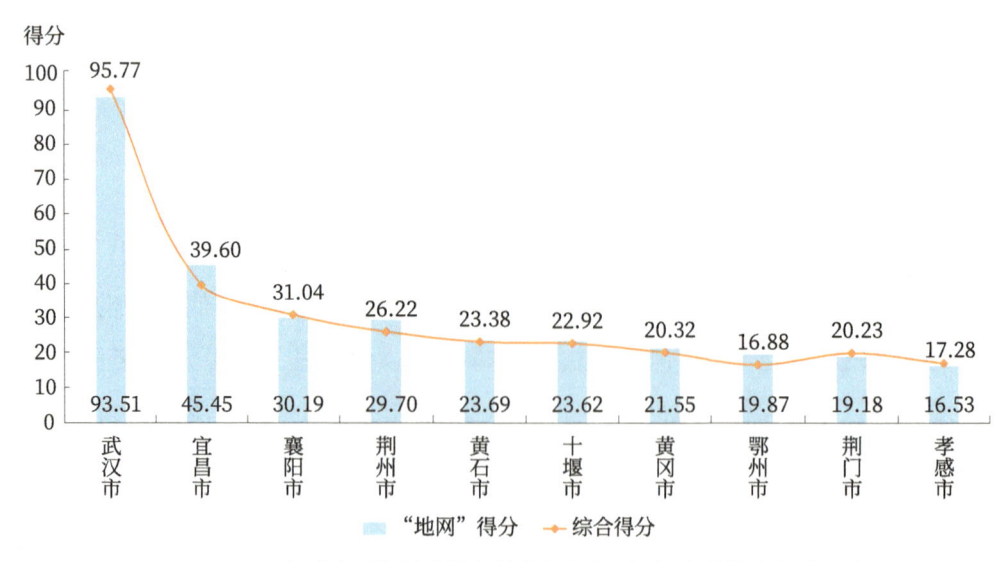

图3-4 2022年"地网"得分排名前十位的市（州）与其综合得分比较

与2022年供应链发展水平综合得分相比，宜昌市、荆州市等市（州）的"地网"得分高于综合得分，体现出"地网"对区域供应链发展水平的带动支撑作用；"地网"得分低于综合得分的市（州），需进一步因地制宜，完善交通基础设施建设，释放当地交通运输潜力，为当地供应链发展打通物流渠道。

3.2.2 "天网"整体发展趋势

"天网"对各市（州）供应链发展起到举足轻重的作用。第一梯队市（州）在"天网"发展上占有一定优势，其中武汉市"天网"发展水平稳居第一，与其他市（州）拉开明显差距，宜昌市、襄阳市"天网"得分相近，领先其他市（州）。2022年，各市（州）"天网"得分与排名情况如表3-5所示，"天网"得分排名前十位的市（州）与其综合得分比较如图3-5所示。

表3-5 2022年各市（州）"天网"得分与排名情况

市（州）	得分	排名
武汉市	100.00	1
宜昌市	39.24	2
襄阳市	39.06	3
黄石市	27.32	4
荆门市	25.47	5

3 湖北省供应链发展水平综合分析

续表

市（州）	得分	排名
荆州市	25.00	6
孝感市	24.20	7
鄂州市	22.27	8
十堰市	21.97	9
黄冈市	18.40	10
随州市	17.86	11
恩施土家族苗族自治州	15.69	12
潜江市	14.47	13
咸宁市	13.82	14
仙桃市	13.55	15
天门市	12.27	16
神农架林区	10.11	17

图3-5　2022年"天网"得分排名前十位的市（州）与其综合得分比较

与2022年供应链发展水平综合得分相比，武汉市、襄阳市、黄石市等市（州）"天网"得分高于综合得分，体现出"天网"在推动地区供应链发展中的优势地位；"天网"得分低于综合得分的市（州），可进一步加强信息基础设施的建设与发展，持续激发"天网"活力，推动供应链发展。

3.2.3 "金网"整体发展趋势

"金网"发展水平整体差距较大。第一梯队市（州）中的武汉市"金网"得分稳居第一位，与其他市（州）拉开明显差距。第三梯队市（州）中，除仙桃市、天门市、潜江市、神农架林区"金网"得分相对较少外，其他市（州）得分基本相近。2022 年，各市（州）"金网"得分与排名情况如表 3-6 所示，"金网"得分排名前十位的市（州）与其综合得分比较如图 3-6 所示。

表3-6 2022年各市（州）"金网"得分与排名情况

市（州）	得分	排名
武汉市	91.31	1
宜昌市	30.82	2
襄阳市	28.51	3
黄冈市	27.84	4
黄石市	26.55	5
荆州市	25.80	6
荆门市	23.78	7
鄂州市	23.14	8
十堰市	21.94	9
孝感市	21.27	10
随州市	19.64	11
咸宁市	18.06	12
恩施土家族苗族自治州	16.43	13
仙桃市	1.76	14
天门市	1.60	15
潜江市	1.48	16
神农架林区	1.44	17

3 湖北省供应链发展水平综合分析

图3-6 2022年"金网"得分排名前十位的市（州）与其综合得分比较

与2022年供应链发展水平综合得分相比，黄冈市、黄石市、荆门市等市（州）的"金网"得分高于综合得分，体现出"金网"对地区供应链发展水平的带动支撑作用。"金网"得分低于综合得分的市（州），需进一步完善相关政策制度，鼓励支持供应链金融市场发展，为当地供应链持续发展提供有利的资金支持。

3.2.4 "商网"整体发展趋势

"商网"发展水平整体较为均衡。武汉市"商网"排名稳居第一位，优势明显。宜昌市"商网"得分较其他市（州）具有明显优势。潜江市是供应链发展水平处于第三梯队的市（州）中唯一入选"商网"排名前十位的市（州），体现其商贸发展的巨大潜能。2022年，各市（州）"商网"得分与排名情况如表3-7所示，"商网"得分排名前十位的市（州）与其综合得分比较如图3-7所示。

表3-7 2022年各市（州）"商网"得分与排名情况

市（州）	得分	排名
武汉市	98.20	1
宜昌市	39.85	2
襄阳市	28.24	3
荆州市	23.84	4
十堰市	23.52	5

续表

市（州）	得分	排名
黄石市	18.33	6
荆门市	15.41	7
黄冈市	15.37	8
潜江市	11.07	9
孝感市	10.76	10
仙桃市	9.17	11
咸宁市	8.86	12
随州市	8.68	13
鄂州市	6.13	14
恩施土家族苗族自治州	4.47	15
天门市	1.67	16
神农架林区	1.43	17

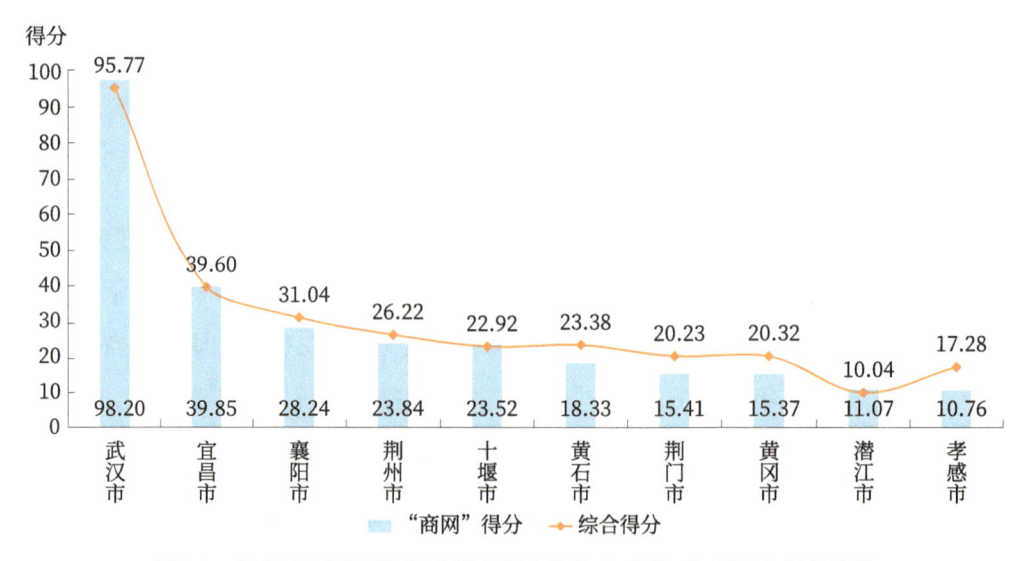

图3-7　2022年"商网"得分排名前十位的市（州）与其综合得分比较

与2022年供应链发展水平综合得分相比，武汉市、十堰市、潜江市等市（州）"商网"得分高于综合得分；襄阳市、荆州市、黄石市等市（州）"商网"得分低于综合得分。整体来看，湖北省"商网"发展空间较大，需进一步打造良好和谐的贸易环境，挖掘贸易潜力。

4 湖北省三大都市圈供应链发展水平分析

4.1 三大都市圈总体情况分析

湖北省围绕推进新型城镇化建设，合理构建武汉都市圈、襄阳都市圈、宜荆荆都市圈引领的全省区域发展格局。三大都市圈 2020—2022 年综合得分加总与三年得分平均增速如图 4-1 所示，三大都市圈 2020—2022 年平均综合得分与三年得分平均增速如图 4-2 所示。

综合分析三大都市圈供应链发展水平，武汉都市圈于 2020 年、2021 年、2022 年分别以 150.05 分、181.44 分和 213.96 分全面领先，宜荆荆都市圈三年都排名第 2 位。三大都市圈的综合得分呈现逐年增长的态势，表明湖北省供应链发展水平逐年稳步提升。襄阳都市圈的三年得分平均增速为 24.00%，为三大都市圈中最高，宜荆荆都市圈以 21.23% 的增速排名第 2 位。

从三大都市圈 2020—2022 年的平均综合得分来看，宜荆荆都市圈在 2022 年以 24.13 分排名都市圈第 1 位，武汉都市圈以 23.77 分排名都市圈第 2 位，与宜荆荆都市圈供应链发展水平差距较小。2021 年武汉都市圈、宜荆荆都市圈平均综合得分分别排名第 1 位、第 2 位，2022 年宜荆荆都市圈排名反超武汉都市圈，体现其增速较高。

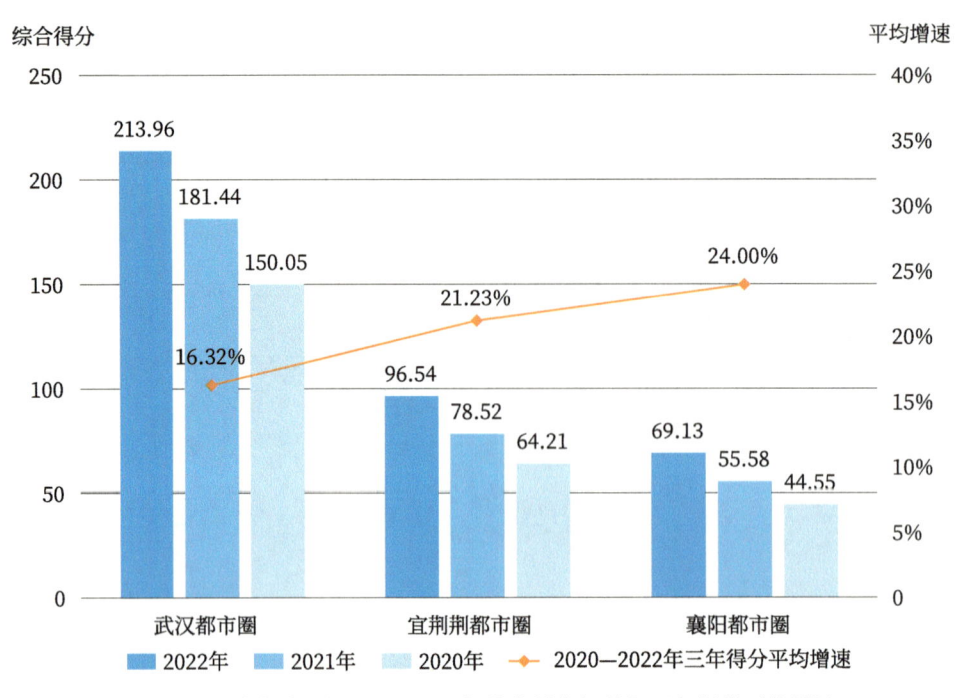

图4-1　三大都市圈2020—2022年综合得分加总与三年得分平均增速

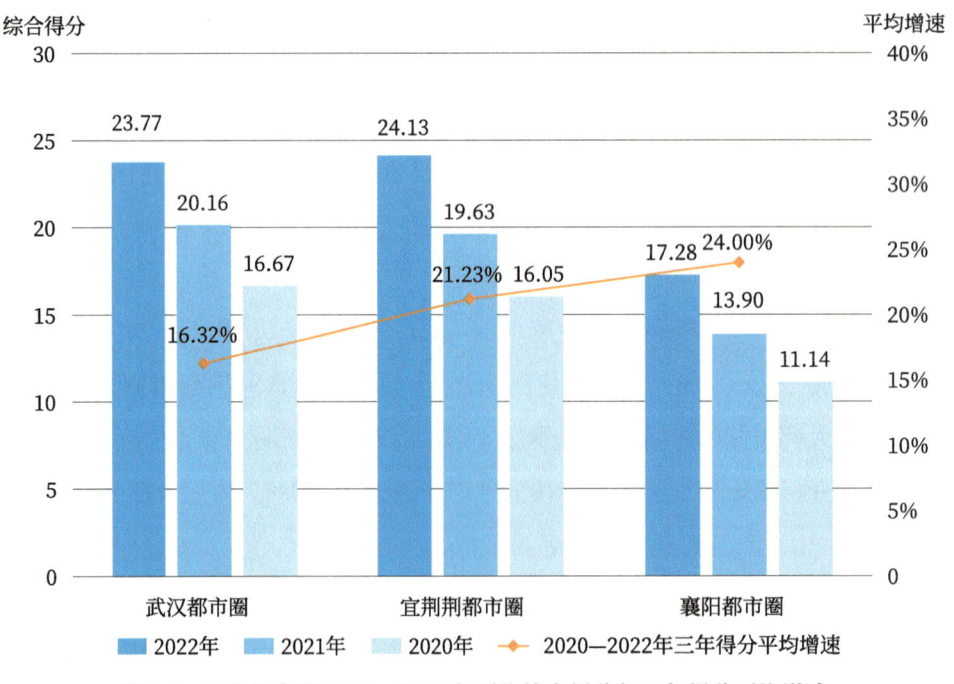

图4-2　三大都市圈2020—2022年平均综合得分与三年得分平均增速

4.2 武汉都市圈供应链发展水平分析

武汉都市圈以武汉市、黄石市、黄冈市、鄂州市为核心，覆盖孝感市、咸宁市、仙桃市、潜江市、天门市等城市，是中部最大的城市组团，面积为5.78万平方千米，人口总数超过3000万人，占全省总人口的一半以上，经济总量占全省60%以上。武汉都市圈发挥武汉的辐射带动作用，促进都市圈基础设施互联互通、产业专业化分工协作、公共服务共建共享、安全风险联防联控，为长江中游城市群一体化发展提供坚强支撑，更好助推中部地区高质量发展，更好服务于长江经济带发展。

武汉都市圈作为全国第7个国家级都市圈，致力于打造成为引领湖北、支撑中部、辐射全国、融入世界的重要增长极，供应链体系建设成为关键，都市圈内各城市竞相发展，"一超多强"的供应链发展格局初步形成。其中，都市圈核心城市武汉市供应链发展水平排名都市圈第1位（全省第1位），以综合得分95.77分全面领先，黄石市、黄冈市、孝感市、鄂州市的综合得分分别为23.38分、20.32分、17.28分、16.88分，分别位居都市圈第2位（全省第5位）、都市圈第3位（全省第7位）、都市圈第4位（全省第9位），都市圈第5位（全省第10位），成为全省供应链发展的中坚力量。2022年武汉都市圈各市（州）供应链发展水平综合得分比较如图4-3所示。

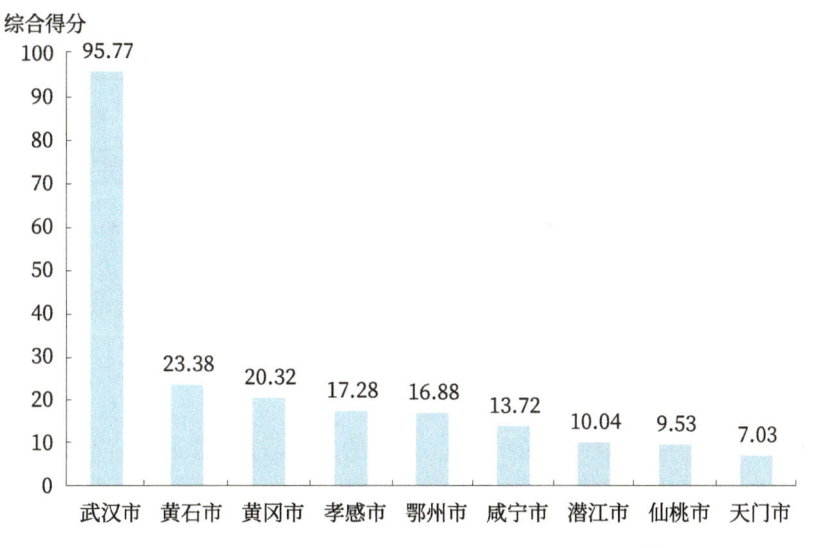

图4-3　2022年武汉都市圈各市（州）供应链发展水平综合得分比较

武汉都市圈2022年在"地网""天网""金网"方面发展较好,"商网"方面有待提升。2020—2022年"四网"得分呈增长的态势,其中"天网"的增长幅度最大,"商网"具有很大的发展潜力。2020—2022年武汉都市圈各市(州)"四网"得分加总情况如图4-4所示。

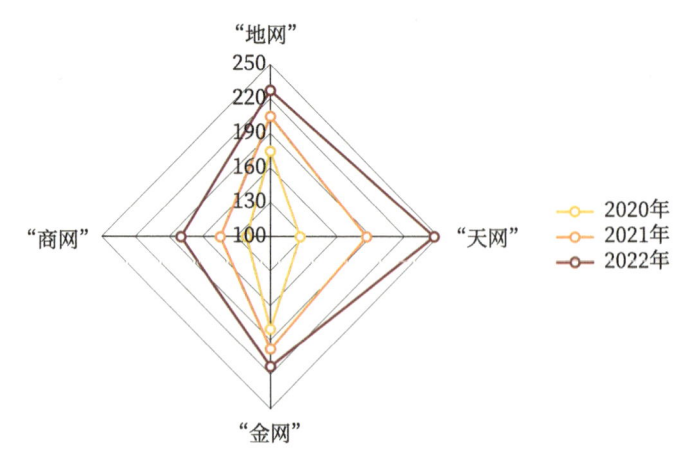

图4-4　2020—2022年武汉都市圈各市(州)"四网"得分加总雷达图

总体来看,武汉都市圈供应链发展水平呈现如下特征。一是武汉市引领都市圈乃至全省供应链发展。武汉市依托产业优势聚集全省供应链优势资源,供应链"四网"发展水平在全省遥遥领先,主导地位突出,通过供应链"四网"要素的优化调整与分工协作,促进区域产业协同发展。二是武汉都市圈聚集全省供应链优质要素。武汉都市圈在区位交通、产业基础、科技创新、人才资源和政策环境等方面具有明显优势,为物流"地网"、数字化"天网"、供应链"金网"、贸易"商网"奠定了领先地位。三是都市圈供应链密切协同。在都市圈发展协调机制的推动下,都市圈城市在基础设施、创新策源、产业协同、对外开放、要素市场等多个领域紧密合作,建设协同都市圈,形成了产业链供应链"主链在武汉、配套在都市圈"的一体化发展格局。

4.3　襄阳都市圈供应链发展水平分析

襄阳都市圈包括:襄阳市全市域,面积为1.97万平方千米,2021年末常住人口约527.10万,分为核心区和紧密区,核心区为中心城区,紧密区为市域内除中心城区外的区域;辐射带动区为十堰市、随州市、神农架林区;联结协作区为南阳市、宜荆荆都市圈、周边五大省会城市/直辖市都市圈。

4 湖北省三大都市圈供应链发展水平分析

襄阳都市圈供应链综合发展水平居全省前列，其中，都市圈核心城市襄阳市的供应链发展水平排名都市圈第1位（全省第3位），以31.04分领先。十堰市、随州市、神农架林区的综合得分分别为22.92分、12.40分、2.77分，供应链发展水平分别位居都市圈第2位（全省第6位）、都市圈第3位（全省第12位）、都市圈第4位（全省第17位）。2022年襄阳都市圈各市（州）供应链发展水平综合得分如图4-5所示。

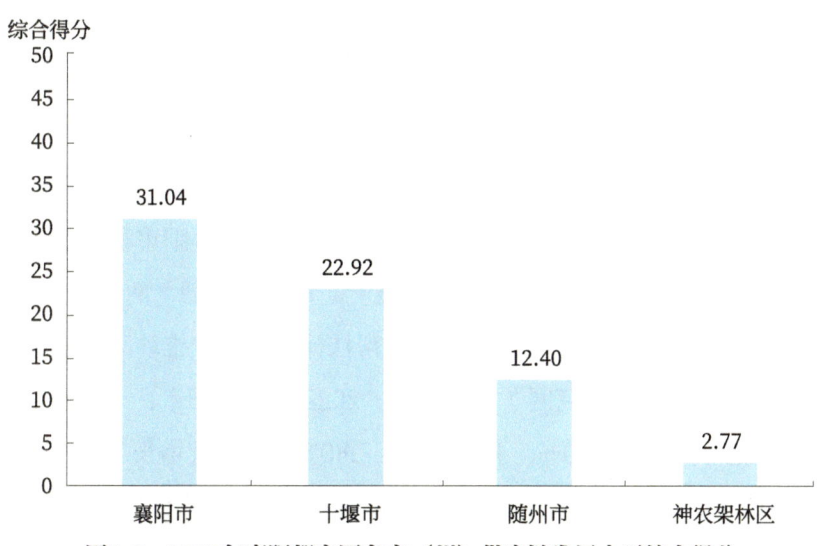

图4-5　2022年襄阳都市圈各市（州）供应链发展水平综合得分

襄阳都市圈2022年在"天网"方面发展较好，在"地网""金网""商网"方面有待提升。2020—2022年"四网"得分呈增长态势，其中"天网"增幅最大，"商网"在2022年增幅显著。2020—2022年襄阳都市圈各市（州）"四网"得分加总情况如图4-6所示。

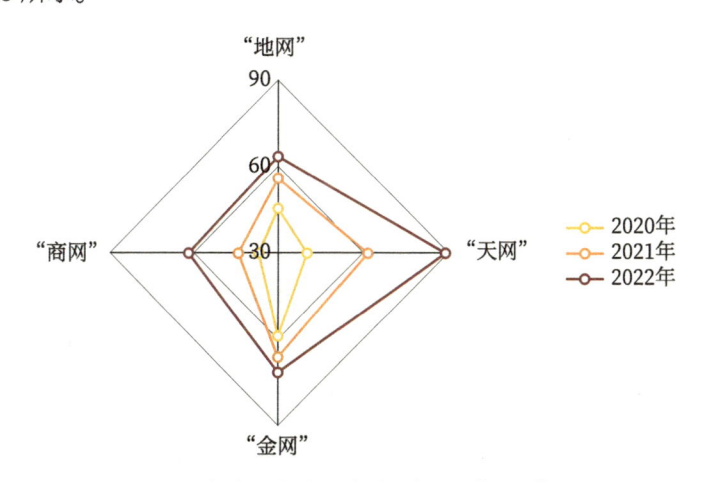

图4-6　2020—2022年襄阳都市圈各市（州）"四网"得分加总雷达图

总体来看，襄阳都市圈供应链发展水平呈现如下特征。一是"地网"稳步增长。区域协同，交通先行，襄阳都市圈以铁路、机场、高速公路、汉江水运等骨干交通为支撑，四地提档升级区域内国省道干线，打通毗邻乡镇道路，构建"襄十随神"城市群内联外畅的立体交通网络。凭借强大的综合交通运输体系与扎实的产业基础，十堰市、襄阳市相继入选生产服务型国家物流枢纽，为区域现代物流水平提升注入强大动力。二是"天网"协同发展。襄阳市、十堰市、随州市、神农架林区公共资源交易中心共同签署《"襄十随神"城市群公共资源交易合作联盟框架协议》，促进实现"襄十随神"城市群公共资源交易市场主体信息互认；积极搭建工业企业供应链公共服务平台，积极组织产业链上下游及配套企业联合开展对接，合力打造"襄十随神"城市群企业共用平台。三是"金网"蓄势待发。襄阳市和十堰市以"共同缔造"的理念深化交流合作，共建共享"襄十"双城经济圈，两地坚持互利互惠、同频共振，开展全方位合作，全面完成年度帮扶计划，加快推动区域协调发展、协同发展、共同发展。四是"商网"潜力强劲。2022年，襄阳市、十堰市、随州市进出口总额同比分别增长31.20%、45.10%、22.80%，呈高速增长态势。襄阳市南漳县国家外贸转型升级基地（食用菌）、襄阳市襄城区国家外贸转型升级基地（医药化工）、十堰经济技术开发区国家外贸转型升级基地（汽车及零部件）、十堰市张湾区国家外贸转型升级基地（汽车及零部件）等国家基地持续带动区域外贸发展。

4.4 宜荆荆都市圈供应链发展水平分析

宜荆荆都市圈核心区范围包括宜昌市辖区、宜都、枝江、当阳、远安、秭归，荆州市辖区、松滋、公安、江陵和荆门市全域，恩施土家族苗族自治州和宜昌市、荆州市两市其他区域为协同发展区。宜昌市、荆州市、荆门市三市彼此之间距离在100千米左右，近年来产业合作逐步深化，一体化发展态势明显，形成了现代化工、装备制造、农产品加工、生物医药等主导产业。宜荆荆都市圈具有"千万级人口、万亿级生产总值"的潜力，目标是到2027年，都市圈核心区常住人口达到940万人，经济总量达到1.40万亿元，建成长江中上游地区重要增长极。

宜荆荆都市圈作为继武汉都市圈后，湖北第二个经济总量破万亿的都市圈，供应链综合发展水平居全省前列，其中，都市圈核心城市宜昌市供应链发展水平排名都市圈第1位（全省第2位），以39.60分领先。荆州市、荆门市、恩施土家

4 湖北省三大都市圈供应链发展水平分析

族苗族自治州的综合得分分别为 26.22 分、20.23 分、10.49 分，供应链发展水平分别位居都市圈第 2 位（全省第 4 位）、都市圈第 3 位（全省第 8 位）、都市圈第 4 位（全省第 13 位）。2022 年宜荆荆都市圈各市（州）供应链发展水平综合得分如图 4-7 所示。

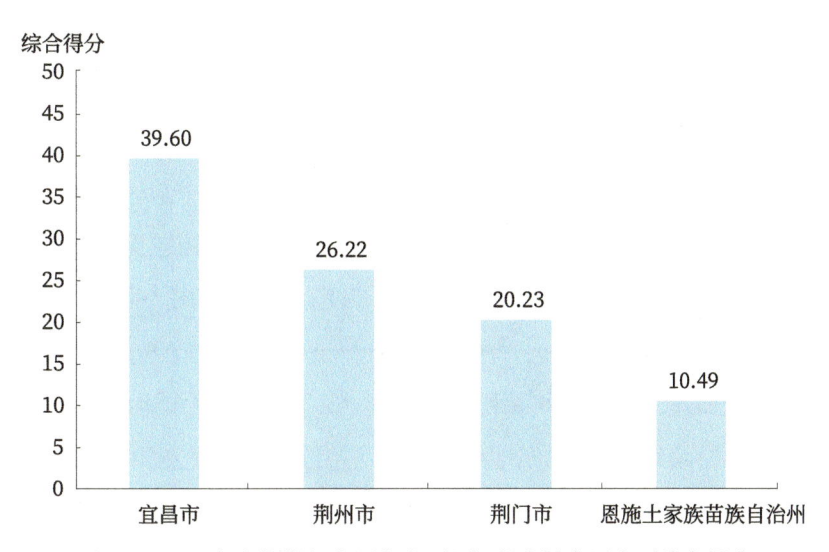

图4-7　2022年宜荆荆都市圈各市（州）供应链发展水平综合得分

2022 年，宜荆荆都市圈"四网"发展较为均衡。2020—2022 年"四网"得分呈增长的态势，其中"天网"在 2021 年增幅最大，"商网"在 2022 年增幅显著。2020—2022 年宜荆荆都市圈各市（州）"四网"得分加总情况如图 4-8 所示。

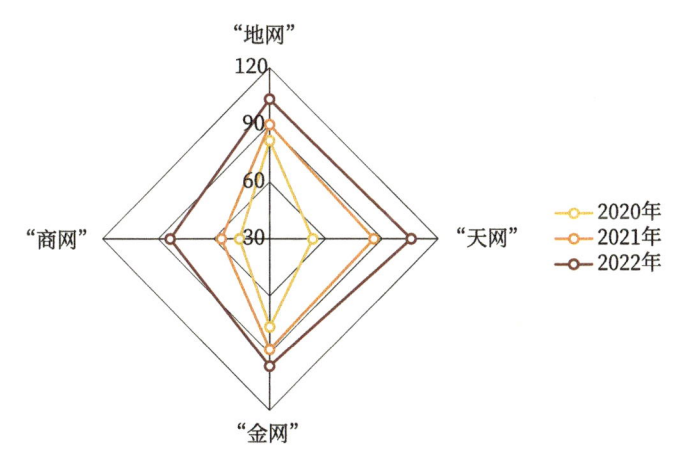

图4-8　2020—2022年宜荆荆都市圈各市（州）"四网"得分加总雷达图

总体来看，宜荆荆都市圈供应链发展水平呈现如下特征。一是"地网"优势突出。宜昌市、荆州市作为长江经济带沿线重要城市，发挥长江黄金水道优势，促进"铁水公空"协同发展，大力发展多式联运，成为我国中西部地区与东部沿海地区经济沟通往来的重要枢纽。二是"天网"快速发展。宜昌市、荆门市加快推动5G、千兆光网等数字公共基础设施建设，继武汉市之后，成为国家千兆城市；同步强化信息平台建设，建成三峡（宜昌）智慧物流公共信息平台、荆门供应链物流公共信息平台等区域性公共物流信息服务平台。三是"金网"协同联动。为共同推动都市圈产业融合发展，宜昌国投集团联合荆州产业基金管理公司打造区域产业发展基金，引导区域产业转型升级；宜昌市与恩施土家族苗族自治州强化金融合作，融合两地旅游资源优势，助力打造全域旅游示范区。四是"商网"潜力强劲。宜昌市、荆州市入选全省5强消费市（州），中国（湖北）自由贸易试验区宜昌片区、宜昌三峡国际机场航空口岸、宜昌三峡保税物流中心（B型）、荆州水运口岸、荆门国际内陆港等开放平台持续建设，带动四地外向型经济持续发展。2022年，宜昌市、荆州市、荆门市、恩施土家族苗族自治州外贸进出口总额分别同比增长22.60%、43.40%、49.30%、126.90%，呈高速增长态势。

5 湖北省各市（州）供应链发展水平分析

5.1 武汉市

2022年，武汉市①供应链发展水平排名全省第1位，综合得分遥遥领先。从分项指标来看，武汉市"地网""天网""金网""商网"均排名全省第1位。2022年武汉市"四网"得分情况如图5-1所示。

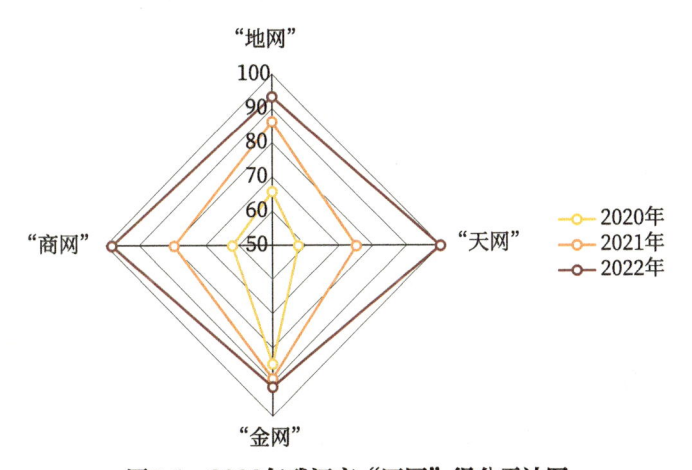

图5-1 2022年武汉市"四网"得分雷达图

---

① 2022年，武汉市人口为1373.90万人，面积为8569.15平方千米，地区生产总值为18866.43亿元，第一产业、第二产业、第三产业增加值分别为475.79亿元、6716.65亿元、11673.99亿元。

武汉市"天网""商网"发展较好,"金网"发展相对薄弱。2020—2022年,"地网""天网""商网"增长较快,"金网"增长较为缓慢,需进一步提升。2022年武汉市供应链发展水平排名情况如表5-1所示。

表5-1 2022年武汉市供应链发展水平排名

类别	综合	"地网"	"天网"	"金网"	"商网"
排名	1	1	1	1	1

近年来,武汉市立足产业链供应链安全稳定,以"商网"为导向,通过辐射全国、连接国际的物流"地网",建立了以集装箱"水铁""水水""海铁""公铁""陆空"联运为特色的多式联运体系,形成江海直达航线、泸汉台航线、武汉—东盟试验航线、武汉—日韩航线等一批品牌航线。强化数字化"天网"、供应链"金网"的强力支撑,形成了与国家重点产业协同发展的枢纽经济区,将得天独厚的区位优势、综合交通优势转化为发展优势。2020—2022年,供应链发展水平年均增长率达14.49%(见表5-2)。

表5-2 2020—2022年武汉市供应链发展水平增速情况

年度	2020年	2021年	2022年	三年年均增长率
增长率	3.89%	23.50%	16.09%	14.49%

"地网"方面,武汉市"地网"发展水平全省排名第1位。武汉市作为"一带一路"建设、长江经济带和中部地区崛起的重要交汇点,是拥有"铁水公空"等国家级运输通道于一体的综合货运枢纽城市,是2021年全国唯一获批的交通强国建设试点省会城市,是《现代综合交通枢纽体系"十四五"发展规划》中明确的国际性综合交通枢纽城市,相继获批国家级多式联运示范工程(3个)、港口型国家物流枢纽、陆港型国家物流枢纽、国家骨干冷链物流基地、首批国家综合货运枢纽补链强链城市等。依托强大的"地网"基础,2022年,全市社会物流总额迈上4.5万亿元台阶,物流业增加值突破1700亿元,物流规模位列全国第5位;A级及以上物流企业数量为368家,居全国首位;社会物流总费用与地区生产总值比率持续降低,低于国家平均水平2个百分点。

"天网"方面,武汉市"天网"发展水平全省排名第1位。武汉市加快打造经济发展"数字引擎",大力推动数字产业化、产业数字化、数字化治理和数据价值化。2022年,持续加强以5G为代表的新型基础设施建设,每万人5G基站数为23.12个,5G建设和发展跻身全国第一方阵,入选全国首批"双千兆"城市;工业互联网数量20个,武汉工业互联网顶级节点标识解析注册量超过90亿;数字经济核心产业增加值达1527.20亿元。同时,武汉市抢抓全省供应链平台建设机遇,湖北国控、湖北楚象、长江汽车、华纺链、九州医药等重点产业供应链平台相继落户,有效衔接供需,融通消费投资,促进资源要素在武汉市聚集,有效提升武汉市供应链发展能级。

"金网"方面,武汉市"金网"发展水平全省排名第1位。武汉市围绕区域金融中心建设,聚焦金融服务实体经济、防范化解金融风险、深化金融改革创新"三大任务",积极丰富金融市场主体,做大金融市场规模,推动资本市场发展,优化金融营商环境,供应链金融快速发展。2022年,全市供应链金融企业资产规模达到142.40亿元,金融机构(含外资)本外币贷款余额为44383.81亿元,增长8.70%;同时强化辐射带动,举办供应链金融峰会,共同探讨供应链金融创新实践与机遇,为武汉市供应链金融发展注入更多活力。

"商网"方面,武汉市"商网"发展水平全省排名第1位。武汉市充分利用国际国内两个市场、两种资源,深入融合双循环体系,加快促进传统消费提档升级,培育消费新热点;同时推动对外贸易创新发展,优化通关大环境,畅通贸易大通道,中国(湖北)自由贸易试验区武汉片区制度创新力度加大,相继获批服务业扩大开放综合试点、国家进口贸易促进创新示范区等。2022年,全市社会消费品零售总额为6936.20亿元,居中部地区第一位;进出口总额为3532.20亿元,占全省进出口总额的57.20%,同比增长5.30%,增幅居全国副省级城市前列。

总体而言,武汉市供应链体系建设在支撑本地产业发展的同时较好地辐射带动了周边地区发展,但在引领全省供应链高质量发展方面仍存在待提升之处。下一步,武汉市需持续扩大"地网"服务能级,全面推进交通强国建设试点,扎实推进"五型"国家物流枢纽建设,稳步实施国家综合货运枢纽补链强链,推动各项示范工程见实效,强化对全省乃至中部地区的辐射带动;强化"天网"建设质效,进一步推进5G等数字化新型基础设施建设,扩大产业数字化与数字产业化规模,加大对供应链平台建设运营的支持力度,促进平台早日发挥效用;提升"金网"广度,依托省级供应链平台在武汉市聚集的优势,发挥核心企业作用,创新供应链金融模式,丰富供应链金融产品，强化对全省供应链金融的示范引领；增强"商网"覆盖面，提升内外贸一体化发展水平，进一步提升对外开放水平，强化开放平台建设，推动外贸业态创新，深化服务贸易试点示范，拓展多元化多层次国际市场，增强对全省商贸的聚集和辐射带动作用。

5.2 宜昌市

2022年，宜昌市[①]供应链发展水平排名全省第2位。从分项指标来看，宜昌市"地网""天网""金网""商网"均排名全省第2位。2022年宜昌市"四网"得分情况如图5-2所示。

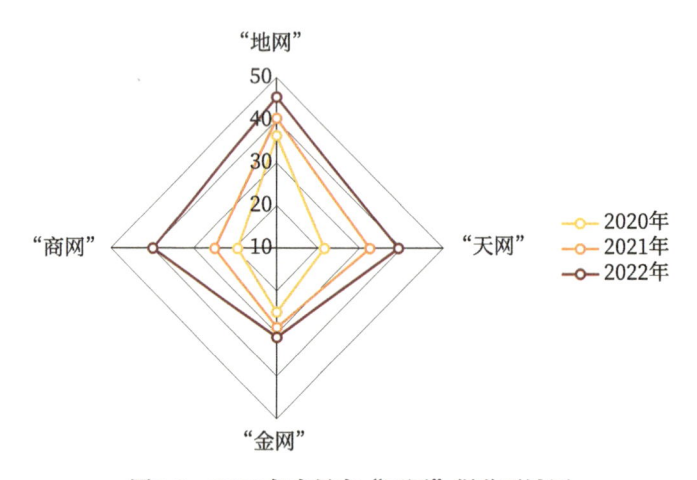

图5-2 2022年宜昌市"四网"得分雷达图

宜昌市"地网"发展较好，"金网"发展相对薄弱，需进一步提升。2020—2022年来，"地网"增长较快，"金网"增长较为缓慢。其中，2022年"商网"增幅较大，具有发展潜力。2022年宜昌市供应链发展水平排名情况如表5-3所示。

表5-3 2022年宜昌市供应链发展水平排名

类别	综合	"地网"	"天网"	"金网"	"商网"
排名	2	2	2	2	2

---

① 2022年，宜昌市人口为392万人，面积为21081平方千米，地区生产总值达5502.69亿元，第一产业、第二产业、第三产业增加值分别为587.84亿元、2427.00亿元、2487.85亿元。

近年来，宜昌市持续推动供应链体系建设，成立全市供应链物流体系建设领导小组，统筹推进各项工作，相继印发《宜昌物流业中长期发展规划2020—2035》《宜昌国家物流枢纽城市战略规划》等指导文件，先后入选国家第三批国家多式联运示范工程、港口型国家物流枢纽、国家骨干冷链物流基地、现代流通战略支点城市等。2020—2022年，供应链发展水平年均增长率达22.91%（见表5-4）。

表5-4　2020—2022年宜昌市供应链发展水平增速情况

年度	2020年	2021年	2022年	三年年均增长率
增长率	21.87%	22.21%	24.64%	22.91%

"地网"方面，宜昌市"地网"发展水平全省排名第2位。宜昌市加快推动三峡综合交通运输体系建设，截至2022年年底，全市铁路总里程达593公里；公路总里程达3.75万公里，位居全省第一位；高等级航道长达312公里，其中长江干线为232公里；A级及以上物流企业数量超过137家，仅次于武汉市，居全省第二位。依托良好的交通物流基础条件，全市已构建形成"一核两极九集群"[①]货运枢纽体系，并开通了"宜渝""宜汉"等多条集装箱始发班轮，加强与"渝新欧国际铁路联运大通道"、中欧班列"长安号"、西部陆海新通道等国际物流通道的衔接，为现代供应链体系高质量发展奠定坚实基础。

"天网"方面，宜昌市"天网"发展水平全省排名第2位。宜昌市立足区位优势与产业基础优势，不断推动数字产业化和产业数字化，截至2022年年底，全市每万人5G基站数、5G商用规模居全省前列，中心城区千兆光纤网络覆盖率实现100.00%，成为国家"千兆城市"；建成三峡（宜昌）智慧物流公共信息平台，实现全市物流供应链信息的互联互通；依托良好的信息基础设施赋能高质量发展，获评湖北省数字经济示范城市。

"金网"方面，宜昌市"金网"发展水平全省排名第2位。宜昌市以建设省域金融中心为目标，强化供应链金融创新，持续推进三峡金融中心项目建设，推动宜昌网上金融服务大厅业务辐射宜荆荆都市圈，上线发布"三峡e链"供应链金融平

---

① "一核两极九集群"："一核"是指三峡"坝上、坝下"协同联动的宜昌翻坝转运体系；"两极"是指三峡国际空港物流枢纽和三峡国际陆港物流枢纽；"九集群"是指西陵城区商贸物流集群、伍家岗城区商贸物流集群、猇亭工业物流集群、宜都能源物流集群、枝江电商物流集群、当阳建材物流集群、夷陵冷链物流集群、山区五县特色农产品物流集群、点军物流战略储备区。

台；同步引进中企云链等供应链机构，着力打造磷化工供应链综合服务平台，引导金融机构创新推出"云信""e 信通"等新型供应链金融产品，建立核心企业与上下游企业一体化的金融供给体系。截至 2022 年年底，全市供应链金融企业数量为 7 家，企业资产规模达 8.28 亿元，企业数量及资产规模均居全省第三位。

"商网"方面，宜昌市"商网"发展水平全省排名第 2 位。宜昌市商务经济规模稳居全省前列，2022 年宜昌市社会消费品零售总额达 1866.64 亿元，居全省第三位；全市外贸进出口总额达 414.70 亿元，居全省第二位，同比增长 22.60%，入围"中国外贸百强城市"；利用外资方面，全年利用外资 3253.89 万美元，同比增长 86.20%。强化开放平台建设，中国（湖北）自由贸易试验区宜昌片区、宜昌三峡国际机场航空口岸、宜昌三峡保税物流中心（B 型）等 8 个开放平台和试点项目相继获批，建成国际贸易"单一窗口"，主要功能应用率达 100.00%。

总体而言，宜昌市"四网"发展均衡。下一步，宜昌市需筑牢"地网"基础，重点健全"铁水"联运体系，提升三峡翻坝转运效率，持续拓展物流通道网络；强化"天网"效能，发挥新基建优势，推进"铁水公空"、海关、海事及政务信息的互联互通，进一步做大数字经济规模；提升"金网"能级，不断完善宜昌网上金融服务大厅功能，扩大对宜荆荆都市圈的金融服务覆盖面，提升服务水平，同时强化政策引导，提升供应链金融企业盈利能力；做强"商网"体系，建立健全现代商贸流通体系，强化新技术、新模式、新业态的发展，切实发挥重点开放平台功能。

5.3 襄阳市

2022 年，襄阳市[①]供应链发展水平排名全省第 3 位。从分项指标来看，襄阳"地网""天网""金网""商网"均排名全省第 3 位。2022 年襄阳市"四网"得分情况如图 5-3 所示。

---

① 2022 年，襄阳市人口为 527.60 万人，面积为 19626 平方千米，地区生产总值达 5827.81 亿元，第一产业、第二产业、第三产业增加值分别为 605.61 亿元、2734.56 亿元、2487.64 亿元。

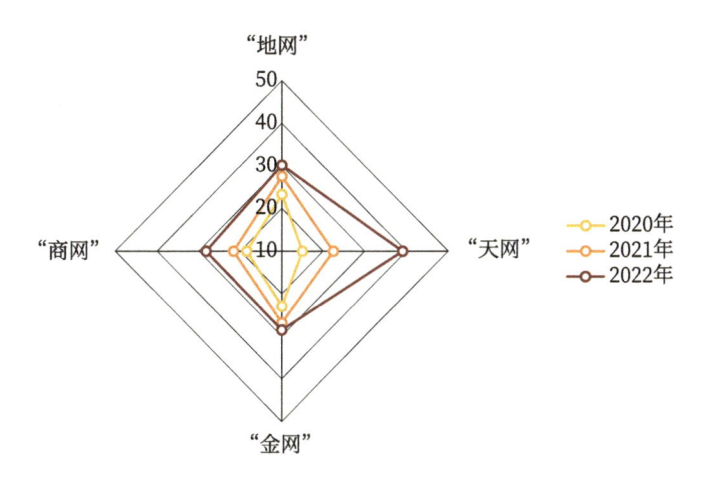

5 湖北省各市（州）供应链发展水平分析

图5-3　2022年襄阳市"四网"得分雷达图

襄阳市"天网"发展较好，"地网""金网""商网"发展相对薄弱，需进一步提升。2020—2022年，"四网"均不断增长，其中2022年，"天网"快速增长，具有发展潜力。2022年襄阳市供应链发展水平排名情况如表5-5所示。

表5-5　2022年襄阳市供应链发展水平排名

类别	综合	"地网"	"天网"	"金网"	"商网"
排名	3	3	3	3	3

近年来，襄阳市持续推动供应链体系建设，相继发布《关于进一步支持工业企业增强核心竞争力提升产业链供应链水平的若干措施》《关于进一步促进襄阳市区现代物流业高质量发展若干措施》等政策文件，为现代供应链体系建设营造良好环境，先后获批城市绿色货运配送示范工程、湖北省第一批省级多式联运示范工程、国家级工业互联网试点示范、湖北省工业互联网平台、国家外贸转型升级基地、国家电子商务示范基地等，2020—2022年，供应链发展水平年均增长速率达21.16%（见表5-6）。

表5-6　2020—2022年襄阳市供应链发展水平增速情况

年度	2020年	2021年	2022年	三年年均增长率
增长率	14.92%	22.41%	26.15%	21.16%

"地网"方面，襄阳市"地网"发展水平全省排名第3位。襄阳市综合交通基础设施条件良好，已形成"三纵三横"铁路网，拥有我国第二大铁路编组站襄阳北编组站以及浩吉铁路全线唯一的组合分解站襄州北站；建成"三纵两横一环两支"

高速公路骨干网和"三纵两横两出口"国道骨架网，便捷沟通全国主要城市。充分发挥襄阳市综合交通优势，全市拥有东风铁路物流园、金鹰重工联运物流园、国家粮食和物资储备局湖北局五三八处等15个铁路物流园，襄阳保税物流中心、苏宁分拨配送中心、新发地物流园等物流园区相继建成并投入使用。全市A级及以上物流企业数量达125家。2022年，全市铁路货运量达1877.65万吨，仅次于武汉市和宜昌市，位居全省第3位。受制于汉江通航条件影响，全市水运发展较为薄弱，水运作用有待提升。

"天网"方面，襄阳市"天网"发展水平全省排名第3位。截至2022年年底，全市每万人5G基站拥有数量位于全省第8位；数字经济核心产业增加值位于全省第3位，获评湖北省首批数字经济示范城市；省级工业互联网平台资质获批数量位于全省前列，万洲电气、美利信科技、航鹏化学动力等均入选2022年湖北省工业互联网平台。同时，襄阳市数字经济整体规模较小，高层次专业人才引进难、留住难的问题依然突出，核心技术研发应用推进缓慢。

"金网"方面，襄阳市"金网"发展水平全省排名第3位。襄阳市地方金融工作局依托湖北汉江金融服务中心有限公司，线上建立金融服务网上大厅，线下在市民服务中心设立金融服务专区，打造"线上+线下"一站式金融服务模式，构建便捷、高效、智能的政银企对接机制，推动金融领域营商环境持续优化。2022年，为进一步提升金融发展水平，襄阳市印发《襄阳市金融业发展"十四五"规划》，提出以市场需求为导向，围绕产业"强链、补链、延链"，依托供应链核心企业，积极组织开展全链条供应链金融服务。截至2022年年底，全市供应链金融企业数量为13家，位于全省第2位；供应链金融企业资产规模为19.90亿元人民币，位于全省第2位。

"商网"方面，襄阳市"商网"发展水平全省排名第3位。近年来，襄阳市持续推动内外贸发展，强化试点示范引领，湖北省襄阳市南漳县国家外贸转型升级基地（食用菌）、襄阳市襄城区国家外贸转型升级基地（医药化工）相继入选国家外贸转型基地，有力推动地方外贸创新发展；襄阳市加工贸易产业园入选湖北省首批省级加工贸易产业园；谷城中国有机谷电商产业园、襄阳市大学科技园入选湖北省电子商务示范基地；襄阳市湖北楚大鸭业有限公司、华夏创谷电子商务有限公司等6家企业入选湖北省电子商务示范企业。依托良好的"商网"基础，2022年，全市社会消费品零售总额达2032.20亿元，同比增长3.40%，居全省第2位；进出口总额为 371.50 亿元，同比增长 31.20%，其中出口额为 346.00 亿元，增长 37.20%，进口额为 25.50 亿元，下降 17.60%，居全省第 4 位；进出口总额占地区生产总值比率为 6.37%，居全省第 11 位。

总体而言，襄阳市供应链发展水平位居全省前列，但和武汉市、宜昌市相比，仍存在一定的差距。"地网"方面，襄阳市应发挥铁路优势，积极推进铁路专用线建设，持续拓展"公铁"运输通道，提升大宗货物铁路集疏运和集装箱"铁水"联运比例，加快提升汉江航运能力，建设高等级航道，强化对十堰市、随州市等周边地区的物流辐射作用。"天网"方面，应持续推动产业数字化和数字产业化，围绕优势产业搭建供应链平台，加强信息的互联互通，促进传统产业转型升级，培育区域新的经济增长点。"金网"方面，强化供应链金融龙头企业培育，打造"线上+线下"一站式供应链金融服务模式，持续优化金融领域营商环境，提升供应链企业盈利能力。"商网"方面，加强电子商务示范企业和示范基地、国家外贸转型升级基地、省级加工贸易产业园的带动作用，强化开发平台建设，提升区域的贸易发展水平。

5.4 荆州市

2022年，荆州市[①]供应链发展水平排名全省第 4 位。从分项指标来看，荆州市"地网"排名全省第 4 位，"天网"排名全省第 6 位，"金网"排名全省第 6 位，"商网"排名全省第 4 位。2022 年荆州市"四网"得分情况如图 5-4 所示。

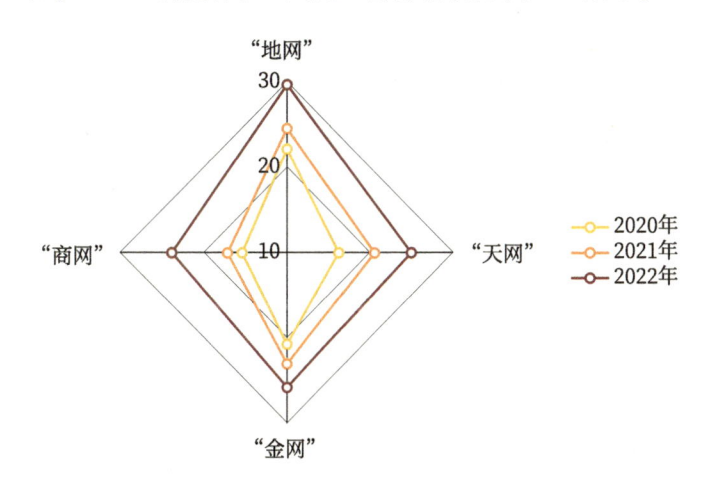

图5-4 2022年荆州市"四网"得分雷达图

---

① 2022 年，荆州市人口为 513.50 万人，面积为 14104 平方千米，地区生产总值达 3008.61 亿元，第一产业、第二产业、第三产业增加值分别为 571.94 亿元、1072.79 亿元、1363.88 亿元。

荆州市"地网"发展较好。2020—2022年，"四网"均不断增长，其中"地网""商网"增长较快。2022年"商网"增幅较大，具有发展潜力。2022年荆州市供应链发展水平排名情况如表5-7所示。

表5-7　2022年荆州市供应链发展水平排名

类别	综合	"地网"	"天网"	"金网"	"商网"
排名	4	4	6	6	4

近年来，荆州市高度重视供应链体系建设，把供应链体系建设摆在战略位置和全局位置，加快推动"公铁水空"协同发展和物流港、产业港、贸易港、服务港、功能港"五港"并建，现代供应链高速发展。2020—2022年，供应链发展水平年均增长率达17.04%（见表5-8）。

表5-8　2020—2022年荆州市供应链发展水平增速情况

年度	2020年	2021年	2022年	三年年均增长率
增长率	13.90%	13.79%	23.43%	17.04%

"地网"方面，荆州市"地网"发展水平全省排名第4位。荆州市是重要的公路交通枢纽和长江重要港口城市。2022年，荆州市货物周转量达904.45亿吨公里，同比增长34.80%；公路总里程达2.50万公里，比上年增长0.90%；荆州港"一港九区"格局形成，与浩吉铁路、焦柳铁路"双十字"交叉，奠定了荆州市在长江沿线地区独一无二的大宗商品"铁水"联运枢纽地位，获批国家级多式联运示范工程，煤炭、铁矿石等大宗商品供应链发展迎来机遇；荆州沙市机场飞机起降架次排名全省第6位，辐射能级全面提升。然而，荆州市也面临A级物流企业质量不高、多式联运经营能力不强、市场主体协同联动性不足等问题。

"天网"方面，荆州市"天网"发展水平全省排名第6位。荆州市"天网"发展较为薄弱，具体表现为5G等新基建不足，每万人5G基站数量相较于武汉市、宜昌市、荆门市等地差距较大；信息平台建设缓慢，荆州市多式联运公共信息平台建设滞后，多式联运信息互联共享不足；数字经济规模较小，全市数字经济核心产业增加值与武汉市、宜昌市、襄阳市有较大差距。

"金网"方面，荆州市"金网"发展水平全省排名第6位。近年来，荆州持续深化金融改革，不断加大金融服务力度，创新打造"荆融通"网上金融服务平台，同时强化金融服务区域联动，联合宜昌市成立发展基金助推区域经济联动发展；金融市场发展质效方面，荆州市供应链企业应收账款周转率排名全省第 1 位，供应链企业资产流动性强，有效减少坏账损失。

"商网"方面，荆州市"商网"发展水平全省排名第 4 位。荆州市不断促进消费扩容提质，推动外贸创新发展，建设高质量开放平台。2022 年，全市实现社会消费品零售总额 1670.19 亿元，同比增长 3.60%，居全省第 3 位，获评全省消费五强市（州）；进出口总额达 208.20 亿元，同比增长 43.40%，高于全省平均水平 28.50 个百分点；荆州市强化外贸发展，相继获批石油机械、纺织、汽车零部件等 5 个国家外贸转型升级基地，荆州市国家加工贸易产业园被认定为首批国家加工贸易产业园，有效服务于构建新发展格局。

总体而言，荆州市供应链发展水平除武汉市外，仅次于宜昌市。下一步，荆州市需进一步发挥优势，做活"地网"，强化市场主体间的业务联动，加强各枢纽间的业务协同，完善"铁水"联运集疏运体系，持续拓展通道网络，打造我国重要的大宗商品"铁水"联运枢纽；补齐"天网"，强化数字社会建设，加快推进 5G 等新型基础设施建设，加快建设多式联运公共信息平台，围绕煤炭、矿石、粮食等大宗商品搭建供应链平台，以互联网思维推进产业转型升级；做强"金网"，重点强化政策支持，加强供应链金融市场主体培育，引导供应链金融健康发展；做优"商网"，着力扩大内需，结合文旅产业提振消费，发挥荆州市大宗商品、农产品等基础产业优势，拓展商贸服务领域。

5.5 黄石市

2022 年，黄石市[①]供应链发展水平排名全省第 5 位。从分项指标来看，黄石市"地网"排名全省第 5 位，"天网"排名全省第 4 位，"金网"排名全省第 5 位，"商网"排名全省第 6 位。2022 年黄石市"四网"得分情况如图 5-5 所示。

---

① 2022 年，黄石市人口为 244.40 万人，面积为 4582.90 平方千米，地区生产总值为 2041.51 亿元，第一产业、第二产业、第三产业增加值分别为 140.82 亿元、970.43 亿元、930.26 亿元。

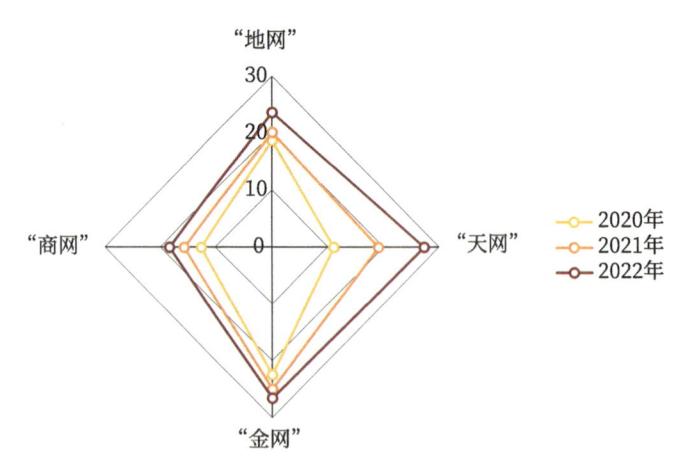

图5-5 2022年黄石市"四网"得分雷达图

黄石市"天网""金网"发展较好,"商网"发展相对薄弱,需进一步提升。2020—2022年,"四网"均不断增长,其中"天网"增长较快。2022年,"金网"增幅较小,需进一步加强发展。2022年黄石市供应链发展水平排名情况如表5-9所示。

表5-9 2022年黄石市供应链发展水平排名

类别	综合	"地网"	"天网"	"金网"	"商网"
排名	5	5	4	5	6

近年来,黄石市致力通过畅通供应链推动产业链发展,形成"双链"联动耦合式发展。黄石市先后出台《黄石市关于推进产业链链长制的实施方案》《黄石市重点产业链金融链长制工作方案》等政策文件,通过链主企业带动,推动实现主导产业链供应链加速发展。2020—2021年来,供应链发展水平年均增长率达17.71%（见表5-10）。

表5-10 2020—2022年黄石市供应链发展水平增速情况

年度	2020年	2021年	2022年	三年年均增长率
增长率	12.10%	21.53%	19.52%	17.71%

"地网"方面,黄石市"地网"发展水平全省排名第5位。黄石市作为鄂东南地区水陆交通枢纽,充分发挥"铁水"联运优势,以黄石新港多式联运示范工程、

城市绿色货运配送示范工程创建为抓手，大力推进构建"四港一体、四网融合"的市域物流发展格局，同时借助鄂州花湖国际机场建设契机，全面构建以"水港＋空港"为主战场的"通道＋枢纽＋网络"现代物流运行体系，并于2022年成功申报两家省级多式联运示范工程（黄石新港三期"水管铁"多式联运示范工程、湖北海虹"铁公水"多式联运示范工程），有效促进"公转铁、公转水"运输结构调整。同时，黄石市仍存在物流规模较小、成本相对偏高的问题，有待进一步提升物流发展水平。

"天网"方面，黄石市"天网"发展水平全省排名第4位。近年来，黄石市全力促进产业数字化转型，多层次工业互联网平台体系建设初见成效。2021年黄石市推进智能化改造诊断服务，加速企业智能化改造。截至2022年底，累计为全市304家规模以上企业开展智能化改造入户诊断，推动208个智能化改造项目落地实施，总投资超过100亿元，大冶特钢、华新水泥等6家平台成功入选省级工业互联网平台，入选数量位居全省第二位。同时黄石市信息基础设施建设有待进一步加强，每万人5G基站数量较武汉市、十堰市等存在较大差距。公共信息资源社会开放率低于全省平均水平，供应链透明度不高，影响链上信息流动效率，影响全市供应链发展水平。

"金网"方面，黄石市"金网"发展水平全省排名第5位。近年来，黄石市大力推动重点产业链金融支持力度，2022年出台《黄石市重点产业链金融链长制工作方案》，建立由政府引领、人民银行牵头、各部门协同配合、各银行组团服务的重点产业链金融链长制。黄石市金融市场主体质量较好，供应链上市企业数量位列全省前列，供应链企业盈利能力（营业收入之和）达1395.27亿元，仅次于武汉市。数字金融普惠指数为302.26，全省排名第2位。

"商网"方面，黄石市"商网"发展水平全省排名第6位。黄石市打造武汉都市圈东向开放桥头堡成果显著，外向型经济增势迅猛，2021年进出口总额突破300亿元，2022年达到412亿元，居全省第2位，仅次于武汉市；进出口总额占地区生产总值比率排名全省第1位，连续12年被评为"中国外贸百强城市"。黄石市不断加强外贸平台建设，促进外贸升级提质，率先在省内地级市中建成跨境电商通关平台，2022年推进华中首个开放性的数字化服务贸易平台——DSTP平台项目落地，不断探索数字化赋能外贸发展，不断提升对外开放能级。

总体而言，黄石市供应链发展优势体现在"金网"和"商网"，但在"地网"和"天网"仍存在短板，供应链发展潜能待进一步挖掘。下一步，黄石市应增强"地网"能级，充分发挥港口物流对资源要素流通的纽带作用以及对国际国内两个市场的联通作用，进一步拓展物流网络、提升内外连通水平，强化辐射带动能力，增强港口物流对资源要素的集聚与配置能力，促进物流降本增效。补齐"天网"短板，加快升级供应链信息基础设施，依托黄石市多式联运物流信息服务平台，推动多式联运融合发展，建立高效智慧的绿色港口物流运行体系；完善数据资源开放制度，加快政府信息平台整合，消除信息孤岛，推进数据资源向社会开放，为供应链智慧化发展筑牢数据基础。

5.6 十堰市

2022年，十堰市[①]供应链发展水平排名全省第6位。从分项指标来看，十堰市"地网"排名全省第6位，"天网"排名全省第9位，"金网"排名全省第9位，"商网"排名全省第5位。2022年十堰市"四网"得分情况如图5-6所示。

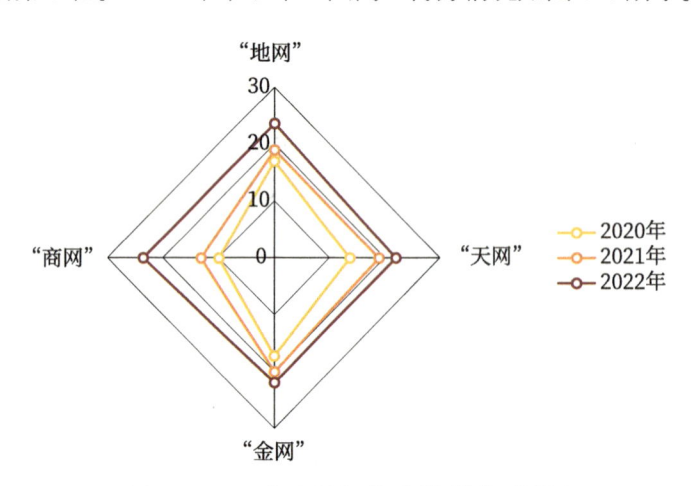

图5-6　2022年十堰市"四网"得分雷达图

十堰市"商网"发展较好，"金网"发展相对薄弱，需进一步提升。2020—2022年，"四网"均不断增长，其中2022年"商网"增幅最大，具有发展潜力。2022年十堰市供应链发展水平排名情况如表5-11所示。

---

① 2022年，十堰市人口为316.60万人，面积为23666.16平方千米，地区生产总值为2304.68亿元，第一产业、第二产业、第三产业增加值分别为225.01亿元、923.70亿元、1155.97亿元。

5 湖北省各市（州）供应链发展水平分析

表5-11　2022年十堰市供应链发展水平排名

类别	综合	"地网"	"天网"	"金网"	"商网"
排名	6	6	9	9	5

近年来，十堰市持续推动供应链体系建设，以生产服务型国家物流枢纽建设为抓手，着力畅通"三横两纵"通道，优化枢纽港站功能布局，推动物流园区集约化发展，加快发展多式联运，高效服务产业发展。2020—2022年，供应链发展水平年均增长速率达22.09%（见表5-12）。

表5-12　2020—2022年十堰市供应链发展水平增速情况

年度	2020年	2021年	2022年	三年年均增长率
增长率	12.39%	22.29%	31.59%	22.09%

"地网"方面，十堰市"地网"发展水平全省排名第6位。十堰市现代物流体系初具规模，初步形成汽车制造业物流、商贸流通物流、农村物流、大宗原材料物流、电子商务、快递物流等专业物流服务网络体系，建成了许家棚物流园、林安物流园、华西物流园、东风商用车物流中心、凯达物流配送中心等"五园四中心"，先后获批城市绿色货运配送示范城市、生产服务型国家物流枢纽，是湖北省继宜昌市、武汉市之后第3个入选国家物流枢纽的城市，在全国、全省交通战略地位显著提升。2022年，全市铁路货运量达524.39万吨，位于全省第11位。

"天网"方面，十堰市"天网"发展水平全省排名第9位。十堰市立足数字基础设施建设的比较优势，夯实数字经济底座，持续完善新型信息基础设施，培育壮大核心产业，加快产业数字化进程。截至2022年年底，每万人5G基站数量排名全省第3位。全市数字经济核心产业增加值排名全省第4位，十堰经济技术开发区获评湖北省首批数字经济标杆园区。十堰亿脉科技有限公司入选2021年湖北省工业互联网平台名单。

"金网"方面，十堰市"金网"发展水平全省排名第9位。2022年，为进一步提升金融发展水平，出台《十堰市金融业发展"十四五"规划》，提出推进各项金融改革，深化普惠金融、供应链金融、绿色金融等工作，确保小微企业贷款、工业制造业贷款、生产及供应业贷款、服务业贷款、绿色贷款、涉农贷款等平稳增长。

"商网"方面，十堰市"商网"发展水平全省排名第 5 位。十堰市外贸企业灵活应变，政府部门精准服务，促进了外贸业的稳定增长。十堰经济技术开发区国家外贸转型升级基地、十堰市张湾区国家外贸转型升级基地先后获批；十堰市工业新区贸易产业园入选湖北省首批省级加工贸易产业园；十堰聚创跨境电商产业园、十堰惠宝跨境电商产业园入选省级跨境电商产业园，带动企业规模化、集聚化、规范化、品质化发展；湖北小蜜蜂电子商务有限公司、十堰供销电子商务有限公司等 5 家企业入选湖北省电子商务示范企业；十堰林安汽车汽配商贸物流城、竹溪县秦巴电商产业园入选湖北省电子商务示范基地。依托良好的"商网"基础，2022年，十堰市社会消费品零售总额达 1294.48 亿元，同比增长 3.10%；全市实现货物进出口总额 161.10 亿元，同比增长 45.10%，其中，出口额为 156.80 亿元，增长 46.90%；进口额为 4.30 亿元，增长 1.50%，货物进出口顺差为 152.50 亿元。

总体而言，十堰市供应链发展和宜昌市、襄阳市等城市相比仍有一定差距。"地网"方面，应进一步发挥好生产服务型国家物流枢纽的作用，带动区域汽车等优势产业高质量发展。"天网"方面，应持续完善新型信息基础设施，培育壮大核心产业，加快产业数字化进程。"金网"方面，应强化政策支持，推进各项金融改革，保障供应链金融稳健发展。"商网"方面，发挥国家外贸转型升级基地、省级贸易加工产业园等的引领带动作用，优化和稳定供应链，带动地方外贸创新发展。

5.7 黄冈市

2022 年，黄冈市[①] 供应链发展水平排名全省第 7 位。从分项指标来看，黄冈"地网"排名全省第 7 位，"天网"排名全省第 10 位，"金网"排名全省第 4 位，"商网"排名全省第 8 位。2022 年黄冈市"四网"得分情况如图 5-7 所示。

---

① 2022 年，黄冈市人口为 579 万人，面积为 17453 平方千米，地区生产总值为 2747.90 亿元，第一产业、第二产业、第三产业增加值分别为 545.60 亿元、740.69 亿元、1256.22 亿元。

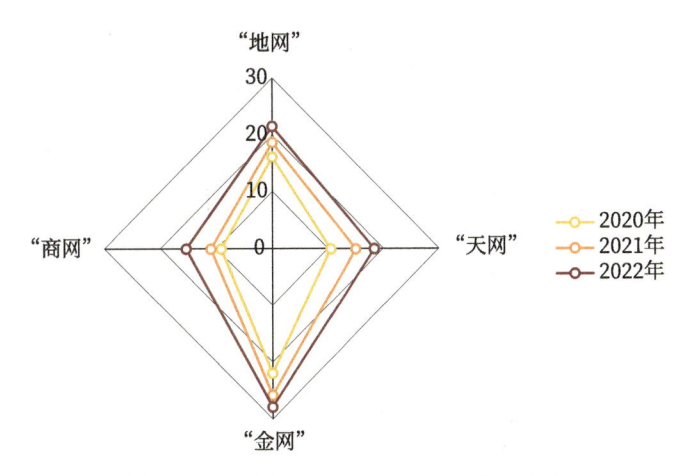

5 湖北省各市（州）供应链发展水平分析

图5-7　2022年黄冈市"四网"得分雷达图

黄冈市"金网"发展较好，"地网""天网""商网"发展相对薄弱，需进一步提升。2020—2022年，"四网"均不断增长，其中2022年"商网"增幅最大。2022年黄冈市供应链发展水平排名情况如表5-13所示。

表5-13　2022年黄冈市供应链发展水平排名

类别	综合	"地网"	"天网"	"金网"	"商网"
排名	7	7	10	4	8

近年来，黄冈市坚持推进"市县乡村"四级物流体系建设，加快物流园区建设进度，持续加强政策资金支持，助推物流企业做大做强，不断扩大市场主体规模，吸引物流供应链龙头企业落户市区，积极打造辐射周边的综合物流枢纽。2020—2022年，供应链发展水平年均增长率达23.34%（见表5-14）。

表5-14　2020—2022年黄冈市供应链发展水平增速情况

年度	2020年	2021年	2022年	三年年均增长率
增长率	29.66%	21.25%	19.12%	23.34%

"地网"方面，黄冈市"地网"发展水平全省排名第7位。近年来，黄冈市发挥"鄂东门户"的区位优势，持续完善交通物流基础设施，全市公路总里程达34391万公里，居于全省前列；围绕进一步优化调整运输结构，黄冈市加快完善多式联运体系，积极推进武穴铁水联运项目、麻城石材专用线项目建设，先后开通黄冈市经山东省日照市、浙江省宁波市等地出海至韩国等国家和地区的铁海联运班列。随着

物流体系的持续完善，黄冈市物流产业规模持续扩大，交通运输、仓储和邮政业增加值保持稳定增长。2022年，黄冈市公路货运量达16564万吨，港口货物吞吐量为13100万吨，排名全省第1位。"地网"建设取得积极成效，但发展质效不高，具体表现为黄冈港"大而不强"，港口优势发挥不充分；物流市场主体"小、散、弱"现象明显，A级及以上物流企业数较宜昌市、襄阳市、黄石市等地差距明显。

"天网"方面，黄冈市"天网"发展水平全省排名第10位。黄冈市供应链数字化规模居全省前列，持续以数字产业园区为抓手，推进物流企业降本增效、做强做大物流企业。2021年，黄冈联投网络货运数字产业园落地黄冈市，成为华中首个网络货运数字产业园，并于2022年迎来5家企业入驻。2023年，黄冈高新技术产业开发区获评湖北省数字经济标杆园区，充分发挥示范标杆引领作用，探索数字经济与实体经济的深度融合。但黄冈市在数字化省级以上资质方面存在较大短板，目前缺少获批省级工业互联网资质的企业。

"金网"方面，黄冈市"金网"发展水平全省排名第4位。近年来，黄冈持续培育壮大市场主体规模，有效提升主体质量，供应链上市企业数量及运营能力均处于全省第一梯队。此外黄冈市金融系统创新发展产业链供应链金融，出台《黄冈市重点产业链金融链长制服务方案》，实施"一产业一融资"服务方案，对服务核心企业的上下游合作企业提供"白名单"服务。但全市仅有1家供应链金融企业，数量较少，市场活跃度较低，未能全面激发金融"活水"作用。

"商网"方面，黄冈市"商网"发展水平全省排名第8位。近年来，黄冈市围绕自身发展特色，大力发展特色农产品电子商务，着力打造农产品电子商务平台，将蕲春蕲艾、罗田板栗等特色农产品推向更广阔的市场，实现农业生产与消费的有效对接。截至2022年底，黄冈市建设国家级电子商务进农村综合示范县10个，全市农产品网络销售额从2015年的万元级跃升到2021年的25亿元，并成功申报6个省级电子商务示范基地。

总体而言，黄冈市供应链发展基础良好，公路、水运基础设施完善，发展规模均处全省前列。下一步，黄冈市应着重提升"地网"发展质效，统筹推进六大港区建设，做强多式联运集疏运体系，借力鄂州花湖国际机场，大力发展临空物流。增强"天网"发展能级，加强与核心企业的合作，强化重点领域供应链平台建设，数字化赋能产业发展，促进黄冈市传统产业向价值链中高端跃升；强化"金网"支撑作用，培育专业供应链金融服务机构，创新开发特色农产品供应链金融产品，激发市场活力，进一步提升供应链发展活力。拓展"商网"服务功能，紧密联动武汉市、鄂州市、黄石市，以服务内贸发展为核心，同步强化拓展外贸网络，促进提升区域整体发展效能。

5.8 荆门市

2022年，荆门市①供应链发展水平排名全省第8位。从分项指标来看，荆门"地网"排名全省第9位，"天网"排名全省第5位，"金网"排名全省第7位，"商网"排名全省第7位。2022年荆门市"四网"得分情况如图5-8所示。

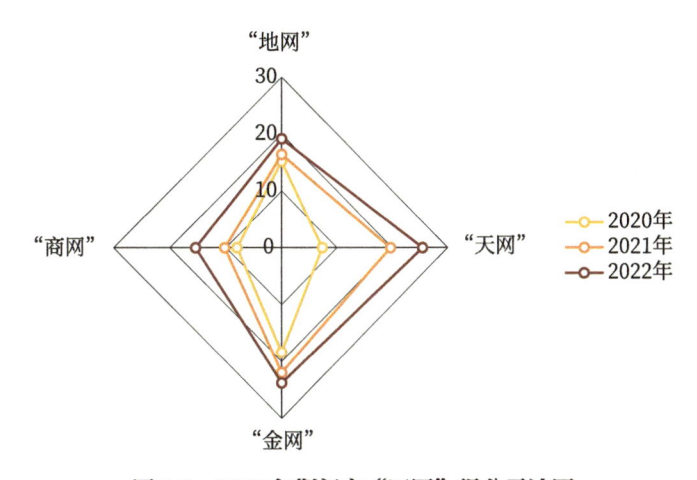

图5-8 2022年荆门市"四网"得分雷达图

荆门市"天网""金网"发展较好，"地网""商网"发展相对薄弱，需进一步提升。2020—2022年来，"四网"均不断增长，"天网"增幅最大，具有发展潜力。2022年荆门市供应链发展水平排名情况如表5-15所示。

表5-15 2022年荆门市供应链发展水平排名

类别	综合	"地网"	"天网"	"金网"	"商网"
排名	8	9	5	7	7

---

① 2022年，荆门市人口为254.80万人，面积为12100平方千米，地区生产总值为2280亿元，第一产业、第二产业、第三产业增加值分别为293.96亿元、907.98亿元、999.01亿元。

近年来，荆门市将供应链体系建设作为荆门市转型升级、实现高质量发展的重要抓手，依托工业发展优势，引进国内龙头供应链企业落户，携手在供应链服务、内陆港建设、产业投资布局等方面深化合作；同时大力支持本土企业延伸供应链服务链条，引导供应链企业与工业企业合作，深度参与重点产业发展。2020—2022年，供应链发展水平年均增长率达23.54%（见表5-16）。

表5-16　2020—2022年荆门市供应链发展水平增速情况

年度	2020年	2021年	2022年	三年年均增长率
增长率	11.97%	34.69%	23.97%	23.54%

"地网"方面，荆门市"地网"发展水平全省排名第9位。荆门市大力发展多式联运，积极创建多式联运示范工程；谋划开通荆门国际内陆港至欧洲直达专列，推进煤炭、粮食、矿石、化工、建材等大宗物资公铁联运；加强与宜荆荆都市圈城市对接，共同谋划对外新通道。荆门市"地网"短板明显，综合交通尚未纳入国家重大规划，高铁建设滞后于周边城市，公路呈"纵强横弱"之势，与周边城市联系度不高，受汉江通航影响航运发展能级限制，多式联运集疏运体系不完善，多种运输方式之间衔接不畅，一定程度上影响了荆门市的供应链发展水平。

"天网"方面，荆门市"天网"发展水平全省排名第5位。荆门市加快推动城市数字化转型和数字经济发展。截至2022年年底，"双千兆"网络已实现城区网络全覆盖，乡镇以上区域全覆盖，工业园区、物流园区、重点企业、重要旅游景点和重要文体场馆全覆盖；5G用户占比46.16%，每万人5G基站数量居全省前列，入列国家"千兆城市"；强化信息平台建设，建成荆门智慧企业服务平台、荆门市供应链物流公共信息平台等。尽管"天网"排名在全省较为靠前，但发展质效有待进一步提升，具体表现为荆门市在全省率先建成了物流公共信息平台，但平台使用效率较低，发挥作用不够；专业化的供应链平台数量不足。

"金网"方面，荆门市"金网"发展水平全省排名第7位。荆门市"金网"发展水平全省排名第7位，荆门市联合中国人民银行荆门市分行在全省范围内率先推出"荆E融"企业金融信用信息平台，供应链相关企业可在"荆E融"平台选择多家银行、多个金融产品，降低企业融资门槛和成本。尽管荆门市金融产品较为丰富，但"金网"规模指标排名全省第11位。2022年，荆门市金融机构本外币各项贷款余额为 1734.09 亿元，排名全省第 9 位，且全市暂无供应链金融企业。

"商网"方面，荆门市"商网"发展水平全省排名第 7 位。近年来，全市商贸服务业总体经济规模不断扩大。2022 年，全市社会消费品零售总额达 969.12 亿元，同比增长 2.00%；全市进出口总额为 200.70 亿元，占地区生产总值的 9.10%，进出口总额和进出口总额占地区生产总值的比重均排名全省第 5 位，获批国家外贸转型升级基地（新型材料）。同时，荆门市"商网"发展动力不足，全市缺乏大型龙头骨干外向型企业，现代流通业规范化水平不高，传统服务业经营质量偏低，开放平台存在短板，口岸建设工作滞后，企业通关成本较高。

总体而言，荆门市受制于区位交通条件约束，"地网"基础条件薄弱，产业优势无法充分发挥，导致"金网""商网"相较于武汉市、宜昌市、襄阳市等都市圈核心城市有较大差距。但是，荆门市较好地抓住了新一轮科技革命机遇，加快推动"天网"建设，"天网"发展水平居全省前列。下一步，荆门市需补齐"地网"短板，着力加快交通基础设施建设，强化与荆州市、宜昌市的交通物流联系，借助沿江高铁建设积极布局高铁物流，强化与中欧班列（武汉）等外贸通道的衔接，积极拓展物流通道网络；打造"天网"优势，充分发挥新基建领先优势条件，大力发展数字经济，围绕荆门市"4211"产业体系[①]，搭建供应链平台，重点做好动力储能电池、农产品精深加工、特种油产业供应链体系建设，拓展商贸交易，发展供应链金融，通过塑造"天网"优势，引领"金网""商网"转型升级与高质量发展。

5.9 孝感市

2022 年，孝感市[②]供应链发展水平排名全省第 9 位。从分项指标来看，孝感"地网"排名全省第 10 位，"天网"排名全省第 7 位，"金网"排名全省第 10 位，"商网"排名全省第 10 位。2022 年孝感市"四网"得分情况如图 5-9 所示。

[①] "4211"产业体系是指4个两千亿产业（化工、农产品加工、装备制造、新能源新材料），2个千亿产业（建材、数字经济），1个千亿企业（湖北亿纬动力有限公司），10 个以上百亿企业。

[②] 2022年，孝感市人口为418.60万人，面积为8941平方千米，地区生产总值为2776.97亿元，第一产业、第二产业、第三产业增加值分别为398.00亿元、1151.82亿元、1227.16亿元。

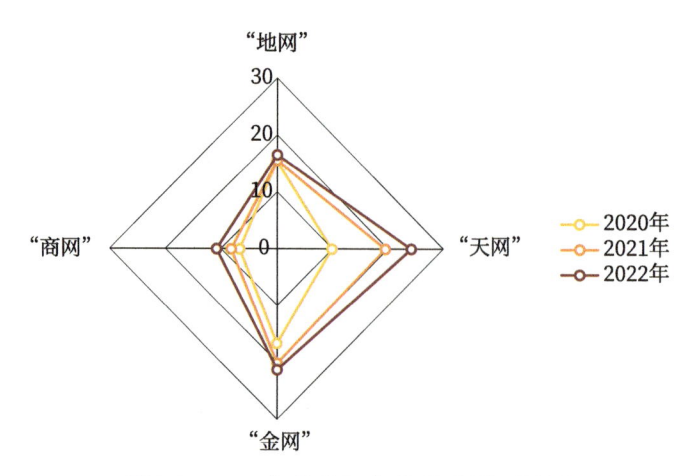

图5-9 2022年孝感市"四网"得分雷达图

孝感市"天网""金网"发展较好,"地网""商网"发展相对薄弱。2020—2022年,"四网"均不断增长,其中"地网"增长缓慢,需进一步提升。2021年"天网"增长较快,具有发展潜力。2022年孝感市供应链发展水平排名情况如表5-17所示。

表5-17 2022年孝感市供应链发展水平排名

类别	综合	"地网"	"天网"	"金网"	"商网"
排名	9	10	7	10	10

近年来,孝感市发挥区位交通、要素禀赋和政策环境等方面比较优势,以深化孝汉同城为基础,紧密融入以"武鄂黄黄"为核心的武汉都市圈发展,助力打造新时代"九州通衢";并立足自身发展实际,通过数字化天网、物流地网、供应链金网、贸易商网"四网融合",推动农产品供应链平台建设。2020—2022年,供应链发展水平年均增长率达18.50%（见表5-18）。

表5-18 2020—2022年孝感市供应链发展水平增速情况

年度	2020年	2021年	2022年	三年年均增长率
增长率	14.65%	26.09%	14.74%	18.50%

"地网"方面,孝感市"地网"发展水平全省排名第10位。近年来,孝感市全力推动寄递物流进村,加快补齐农村寄递物流基础设施短板。截至2022年底,孝

感市邮政累计投入 927 万元专项资金，以"两中心一站点"（县级中心＋乡镇中心＋村级站点）为主要模式，全面构建县乡村三级物流体系，全力提升"最后一公里"能力，率先实现快递进村全覆盖。2019—2022 年，孝感市农村快递量从 302.13 万件增长到 566.43 万件，年均增长 23.30%。物流基础建设方面，孝感市自 2018 年起推行路长制，到 2022 年底全市公路总里程达到 18357 公里，公路网密度达到 207.10 公里/百平方公里，居全省前列。但孝感市目前仍存在运输结构单一、多式联运体系尚未成型的问题，应进一步构建多元立体、互联互通、安全便捷、绿色智能的综合交通体系。

"天网"方面，孝感市"天网"发展水平全省排名第 7 位。孝感市于 2021 年启动"数智孝感"建设，把"城市大脑"作为"数智孝感"建设的中枢和核心。截至 2022 年底，全市通信基站数量达到 1.68 万个，光缆线路总里程为 1.90 万公里，行政村 4G 覆盖率、通光纤率、通宽带率均达到 100.00%。此外，孝感市在首衡城积极搭建"1+4"智慧供应链平台，依托真实的食品农产品交易数据，打造湖北省最大的农产品供应链平台。在国内方面，精准匹配供需两端、打通供给需求两侧市场流通渠道；在国际方面，提供海外代采和集采、一站式物流、海外仓建设、通关报税等服务。

"金网"方面，孝感市"金网"发展水平全省排名第 10 位。近年来，孝感大力推动食品产业供应链金融发展，深入推进金融"面对面"工程，建立政银企常态对接机制。2021 年首衡城·华中国际食品产业新城专题政银企对接会上，首衡集团与中国农业发展银行、中国农业银行、中国银行、中国工商银行、中国建设银行、中国邮政储蓄银行等 6 家金融机构签订合作协议，首期针对商户和入驻企业，供应链金融授信共 25 亿元，成为区域产业发展的"动力引擎"。孝感市的供应链企业运营状况优良，以富邦股份为例，其资产负债率控制在 26.00%，为全省最低，企业资金状况稳健，抗风险能力较强。然而，开展供应链金融服务的核心企业数量相对较少，全市暂无系统对接中征应收账款融资服务平台的核心企业，供应链金融服务尚未全面铺开。

"商网"方面，孝感市"商网"发展水平全省排名第 10 位。近年来，孝感市致力于打造全新的食品商贸物流产业集群，充分利用其优越的地理位置和坚实的产业基础，加快推动武汉市商贸物流产业的发展承接，与武汉市现有的商贸流通平台实现差异化经营和协同发展。目前，全市已拥有1个国家级外贸转型升级示范基地（云梦皮草产业园）、4个省级外贸转型升级示范基地（童车、禽蛋、皮草服装、纺织纱线）、1个省级加工贸易产业园（孝感加工贸易产业园）、1个省级公共海外仓（"孝感红"俄罗斯海外仓）。孝感国家高新技术产业开发区及4个省级开发区已实现外贸综合服务中心的全覆盖，但与宜昌市、襄阳市等地相比，整体数量仍有一定差距。

总体而言，孝感市供应链体系建设以食品产业为依托，通过完善基础设施、运用信息技术、提供金融支持以及发展产业集群等多措并举，推动经济转型升级和实体经济发展。下一步，孝感市需持续加强"地网"建设，完善全市交通物流枢纽布局，积极承接武汉市物流业转移，强化与武汉市协作分工，推动多式联运发展。加强"天网""商网"支撑，推动智慧供应链平台建设及供应链金融发展，提升通信基础设施、数据管理及金融支持水平，促进供需匹配和市场流通渠道畅通。强化"商网"协同联动，充分发挥地理位置和产业基础优势，打造食品商贸物流产业集群，实现与武汉市差异化经营和协同发展，推动产业转型升级和经济增长。

5.10 鄂州市

2022年，鄂州市[①]供应链发展水平排名全省第10位。从分项指标来看，鄂州"地网"排名全省第8位，"天网"排名全省第8位，"金网"排名全省第8位，"商网"排名全省第14位。2022年鄂州市"四网"得分情况如图5-10所示。

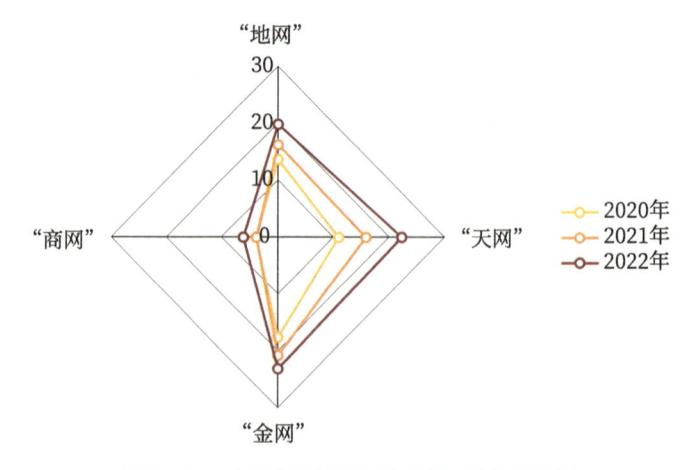

图5-10　2022年鄂州市"四网"得分雷达图

---

① 2022年，鄂州市人口为107.10万人，面积为1505平方千米，地区生产总值为1264.55亿元，第一产业、第二产业、第三产业增加值分别为123.14亿元、575.18亿元、566.23亿元。

鄂州市"地网""天网""金网"发展较好，"商网"发展较为薄弱，亟须进一步提升。2020—2022年，除"商网"外，"地网""天网""金网"稳步增长，具有发展潜力。2022年鄂州市供应链发展水平排名情况如表5-19所示。

表5-19 2022年鄂州市供应链发展水平排名

类别	综合	"地网"	"天网"	"金网"	"商网"
排名	10	8	8	8	14

近年来，鄂州市对供应链体系建设高度重视，成立全市供应链物流体系建设领导小组，推动组建全市首家纺织服装供应链平台公司、建设供应链物流通道、培育对外开放平台等工作。未来，鄂州市将依托鄂州花湖机场，携手武汉天河国际机场打造航空客货"双枢纽"，建设空港型国家物流枢纽，形成以鄂州市为中心，辐射全国、联通全球的航空物流网络。在市政府不断努力下，2020—2022年，鄂州市供应链发展水平年均增长率达22.38%（见表5-20）。

表5-20 2020—2022年鄂州市供应链发展水平增速情况

年度	2020年	2021年	2022年	三年年均增长率
增长率	18.99%	21.67%	26.48%	22.38%

"地网"方面，鄂州市"地网"发展水平全省排名第8位。近年来，鄂州市紧紧围绕"打造武汉都市圈协同发展示范区""建设国际一流航空货运枢纽"的战略目标，以鄂州花湖机场、武汉新城建设为突破口，加快筑牢"地网"基础。2022年，作为全球第四个、亚洲第一个专业货运机场，随着鄂州花湖机场航空口岸获批临时开放，机场货运功能全面启用，助力湖北省实现从"九省通衢"到"五洲通衢"；同时强化综合交通发展，加大三江港、燕矶港开发力度，积极推进武鄂黄黄国际综合交通枢纽、武汉—鄂州空港型国家物流枢纽、三江港区国际物流"铁水公空"一体化多式联运示范工程、鄂州花湖机场多式联运示范工程建设，建成武汉万吨·华中冷链物流港、宝湾物流中心等重点物流项目。鄂州市受限于经济体量较小，物流业规模处于全省中下游位置，全市物流市场主体质量有待进一步提升，A级物流企业数量较少，与国家物流枢纽定位存在差距，制约了鄂州市物流业高质量发展。

"天网"方面，鄂州市"天网"发展水平全省排名第8位。2022年，鄂州市建成 5G 基站 2010 个，实现城区与乡镇室外连续覆盖；工业大脑项目上线运行，工业互联网二级节点标识量达到 1 亿个；建成国家级工业互联网平台、物联网示范项目、智能制造示范工厂各 1 个。2022 年，鄂州市数字经济核心产业增加值为 144 亿元，增长率超过 20.00%，展现出持续的增长势头。

"金网"方面，鄂州市"金网"发展水平全省排名第 8 位。鄂州市是省内较早系统规划供应链金融发展的城市。2021 年，鄂州印发《关于推动鄂州市供应链金融发展的实施方案》，提出围绕 9 条重点产业链优选核心企业，建立核心企业"白名单"制度，在经济体量受限的背景下，鄂州市供应链金融企业数量及规模依然处于全省上游位置。此外，鄂州市数字普惠金融覆盖广度排名全省第 2 位，反映出金融对实体经济的有效支撑。

"商网"方面，鄂州市"商网"发展水平全省排名第 14 位。2022 年，鄂州市实际利用外资达到 6164 万美元，规模居全省第 5 位，实现快速增长和质量提升。鄂州葛店中部电子商务示范基地获评 2022 年综合评价成绩突出的 10 家国家电子商务示范基地，是湖北省唯一上榜的电商基地。基地围绕"大物流""大仓储""大市场""大智慧"四位一体的发展方向，广泛引进唯品会、普洛斯、万吨冷链、赤湾东方、佛罗伦萨小镇等国内外知名企业，基本形成了产业链完整的"大电商"发展格局。同时，鄂州市商贸发展存在市场主体不强、外贸规模体量不大的问题，物流枢纽优势暂未完全转化为发展优势。

总体而言，鄂州市作为与武汉市产业链供应链协作程度最高的城市，供应链发展潜力巨大。下一步，鄂州市应强化"地网"核心带动作用，引领"四网"深度融合，协同发展，重点发挥鄂州市区位交通优势，以鄂州花湖机场为依托打造国际自由贸易航空港，强化与武汉市、黄冈市、黄石市等周边地区联动，提升区域经济发展能级，打造辐射全国、链接全球的国际物流枢纽城市。

5.11 咸宁市

2022 年，咸宁市[①]供应链发展水平排名全省第 11 位。从分项指标来看，咸宁市"地网"排名全省第 11 位，"天网"排名全省第 14 位，"金网"排名全省第 12 位，

---

① 2022 年，咸宁市人口为 261.70 万人，面积为 10019 平方千米，地区生产总值为 1875.57 亿元，第一产业、第二产业、第三产业增加值分别为 249.46 亿元、739.23 亿元、886.87 亿元。

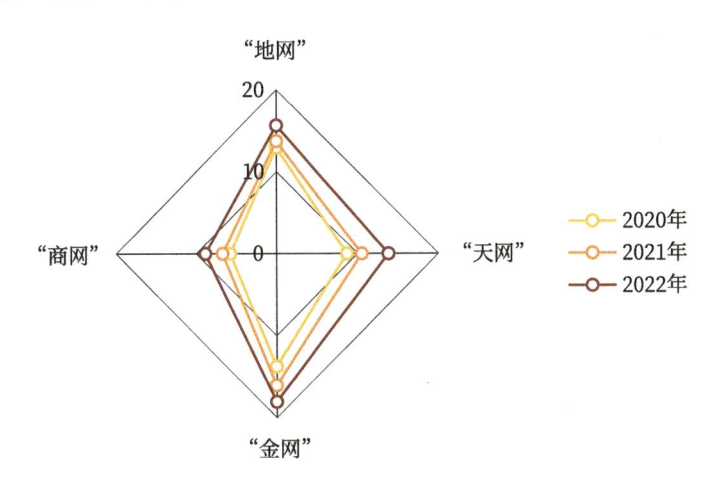

"商网"排名全省第 12 位。2022 年咸宁市"四网"得分情况如图 5-11 所示。

图5-11 2022年咸宁市"四网"得分雷达图

咸宁市"地网""金网""天网"发展较好,"商网"发展相对薄弱,需进一步提升。2020—2022 年,"四网"均不断增长,其中 2022 年"天网""商网"增幅较大,具有发展潜力。2022 年咸宁市供应链发展水平排名情况如表 5-21 所示。

表5-21 2022年咸宁市供应链发展水平排名

类别	综合	"地网"	"天网"	"金网"	"商网"
排名	11	11	14	12	12

近年来,咸宁市将武咸同城化放在经济社会发展首要位置,以文旅、大健康养老、特色农产品等特色产业为依托,推动供应链体系建设,主动承接武汉高校外迁、产业转移和功能溢出,在产业链延链、补链上下功夫,加快发展大健康、电子信息、生物医药等产业,强化汽车关键零部件配套能力,建设光谷科创大走廊咸宁功能区。2020—2022 年,供应链发展水平年均增长率达 16.51%(见表 5-22)。

表5-22 2020—2022年咸宁市供应链发展水平增速情况

年度	2020年	2021年	2022年	三年年均增长率
增长率	16.16%	13.38%	19.98%	16.51%

"地网"方面,咸宁市"地网"发展水平全省排名第 11 位。咸宁市已基本构建起以铁路、高速公路为主干,普通干线公路为支撑,水运为补充,农村公路广泛覆

盖的综合性交通运输网络。截至 2022 年底，咸宁现代公路港物流园等 7 个项目已列入全省交通物流基础设施项目库。物流业对乡村振兴的推动作用显著，成功建设县级分拣中心 6 个、镇级农村综合物流服务站 66 个、村级综合物流服务站 730 个。全市 A 级物流企业数量达 25 家，居全省第 8 位。然而，咸宁市物流业发展过度依赖公路运输，运输结构有待进一步优化，同时缺乏龙头物流企业和大型物流平台；物流企业整体发展面临集约化水平不高、结构性矛盾突出、物流智能化水平不足等问题。

"天网"方面，咸宁市"天网"发展水平全省排名第 14 位。咸宁市以"武咸同城"发展为引领，以强化数字经济创新能力为核心，基于武汉"一芯两带三区"产业战略布局下构建咸宁市数字经济战略布局，积极培育数字经济核心产业、壮大电子信息产业、推动信息技术数字化发展。2022 年，全市数字经济核心产业增加值占地区生产总值达到 9.00%，处于全省中上游水平。咸宁市"天网"发展遭遇瓶颈，数字基础设施薄弱，迫切需要全面推进 5G 基站建设。

"金网"方面，咸宁市"金网"发展水平全省排名第 12 位。近年来，咸宁市鼓励支持金融机构加强供应链金融供给，其中中国人民银行咸宁市中心支行着力推动构建以"引导＋增信""激励＋约束""奖补＋贴息"为框架的政策体系，引导信贷资金流向科技创新重点领域。截至 2022 年底，全市金融机构本外币各项贷款余额达到 1663.09 亿元，同比增长 13.00%。其中，制造业贷款余额为 122.60 亿元，同比增长 9.80%；省级以上"专精特新"企业贷款余额为 31.86 亿元，同比增长 33.20%。然而，咸宁市缺乏专业供应链金融服务提供商及核心企业，市场主体实力较弱。

"商网"方面，咸宁市"商网"发展水平全省排名第 12 位。近年来，咸宁市贸易规模稳定增长，2022 年实现社会消费品零售总额 812.34 亿元，同比提升 3.90%；进出口总额达到 122.20 亿元，同比增长 32.30%；实际利用外资 7856 万美元，同比增长 51.00%。然而，咸宁市贸易规模总体较小，贸易结构有待进一步优化。目前，全市尚无贸易类国家级资质，区域商贸整体竞争力亟待提升。

总体而言，咸宁市供应链发展优势体现在"武咸同城"区位优势及特色产业方面。下一步，咸宁市需补齐"地网"短板，重点完善物流基础设施建设，大力推行"公铁水"多式联运、甩挂运输、无车承运人等先进运输组织模式，优化调整运输结构。强化"天网"支撑，优化提升信息基础设施，实施传统基础设施信息化升级改造，全面部署 5G 基站建设。提升"金网"服务水平，加大招商引资力度，引入供应链金融服务领域头部企业，做大做强"咸融通"，提升链上中小微企业融资便利度。增强"商网"服务水平，立足国际国内市场，深化与武汉市、岳阳市、九江市区域市场一体化建设，着力打造内陆开放新高地、区域性特色消费节点城市。

5.12 随州市

2022 年，随州市[①]供应链发展水平排名全省第 12 位。从分项指标来看，随州市"地网"排名全省第 16 位，"天网"排名全省第 11 位，"金网"排名全省第 11 位，"商网"排名全省第 13 位。2022 年随州市"四网"得分情况如图 5-12 所示。

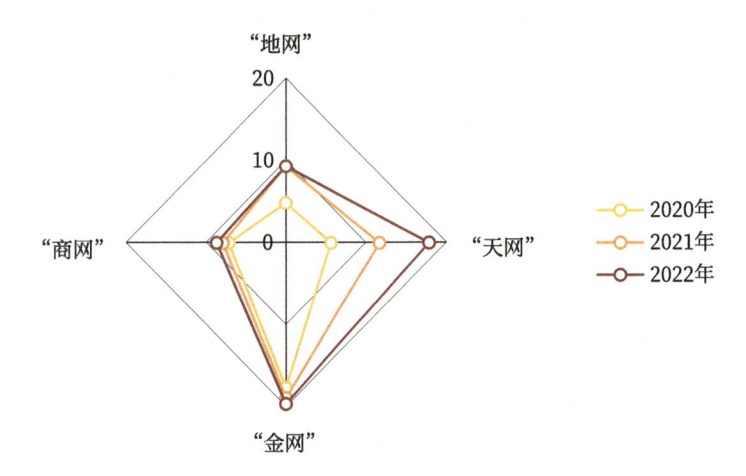

图5-12 2022年随州市"四网"得分雷达图

随州市"天网""金网"发展较好，"地网""商网"发展相对薄弱，需进一步提升。2020—2022 年，"天网"稳步增长，其中 2021 年"地网"增幅较大。2022 年随州市供应链发展水平排名情况如表 5-23 所示。

表5-23 2022年随州市供应链发展水平排名

类别	综合	"地网"	"天网"	"金网"	"商网"
排名	12	16	11	11	13

---

① 2022 年，随州市人口为 201.4 万人，面积为 9636 平方千米，地区生产总值为 1328.78 亿元，第一产业、第二产业、第三产业增加值分别为 189.04 亿元、585.64 亿元、554.10 亿元。

近年来，随州市持续推动供应链体系建设，相继发布《随州市制造业产业链链长制三年行动方案（2021—2023年）》《随州市加快推进产业供应链高质量建设实施方案》等政策文件，以供应链体系建设为突破口，以网络化、数字化、普惠化、内外贸一体化为切入点，打造供应链"地网"、数字化"天网"、供应链金融、贸易服务体系，实现商、物、资、信"四流合一"，促进全链条资源整合、流程优化、价值提升。2020—2022年，供应链发展水平年均增长速率达20.43%（见表5-24）。

表5-24 2020—2022年随州市供应链发展水平增速情况

年度	2020年	2021年	2022年	三年年均增长率
增长率	14.81%	36.55%	9.93%	20.43%

"地网"方面，随州市"地网"发展水平全省排名第16位。近年来，随州市加快交通运输业发展，出台《随州市"十四五"综合交通运输发展规划》，紧扣"汉襄肱骨、神韵随州"目标定位，努力建成"桥接汉襄"关键支撑、打造"融通鄂豫"重要枢纽，构建适应国内国际双循环要求的现代交通运输体系。现阶段，全市交通物流基础设施相对薄弱，现有物流设施布局较为分散，大型物流园区数量不足，物流集聚效应与规模效应尚未体现，多式联运发展缓慢。2022年，全年完成公路货物周转量123.57亿吨公里，比上年下降18.00%；铁路货运量为290.88万吨，居全省第12位。

"天网"方面，随州市"天网"发展水平全省排名第11位。随州市工业互联网平台发展较好，作为专用汽车之都，相继建成Hua-winCloud专用车工业互联网平台、随州工业互联网公共服务平台和现代中药智能制造工业互联网平台，促进随州市产业基础高级化、产业链现代化。但全市"天网"基础相对薄弱，5G基站数量不足，每万人5G基站数量位于全省第10位；数字经济核心产业增加值位于全省第15位。

"金网"方面，随州市"金网"发展水平全省排名第11位。为解决企业融资困境，中国人民银行随州市中心支行积极引导企业巧用中征应收账款融资服务平台、动产融资统一登记公示平台、"政采贷"融资服务平台、金融信用信息共享平台"四大平台"融资，征信赋能助企纾困，引导源源不断的金融活水注入随州市中小微企业。但目前供应链金融企业数量、金融整体发展水平、供应链企业盈利能力相对薄弱。

"商网"方面，随州市"商网"发展水平全省排名第13位。2022年，随州市全年实现社会消费品零售总额635.64亿元，比上年增长2.80%，位于全省第11位。

外贸进出口总额 129.60 亿元，比上年增长 22.80%，其中，进口额为 3.90 亿元，下降 24.20%；出口额为 125.70 亿元，增长 25.30%；在出口额中，香菇等特色农产品出口额为 78.10 亿元，增长 27.80%，居全省第 1 位。

总体而言，随州"天网"发展相对较好，"地网""金网"与"商网"相对薄弱，仍有较大发展空间。"地网"方面，下一步需加快构建综合交通设施基础网络，着力打造综合交通运输枢纽体系。"天网"方面，充分发挥省级工业互联网平台的作用，促进随州市工业互联网在更广范围、更深程度、更高水平上的融合创新；同时应加强随州市信息化基础设施的建设，补齐"天网"中存在的短板。"金网"方面，要强化政策支持，解决企业融资困境，促进供应链金融的健康发展。"商网"方面，要持续优化农产品、专用汽车等特色产业相关的政策支持，充分发挥国家级出口基地的载体作用，挖潜扩能，推动特色产业稳健发展。

5.13 恩施土家族苗族自治州

2022 年，恩施土家族苗族自治州[①]（以下简称恩施州）供应链发展水平排名全省第 13 位。从分项指标来看，恩施州"地网"排名全省第 15 位，"天网"排名全省第 12 位，"金网"排名全省第 13 位，"商网"排名全省第 15 位。2022 年恩施州"四网"得分情况如图 5-13 所示。

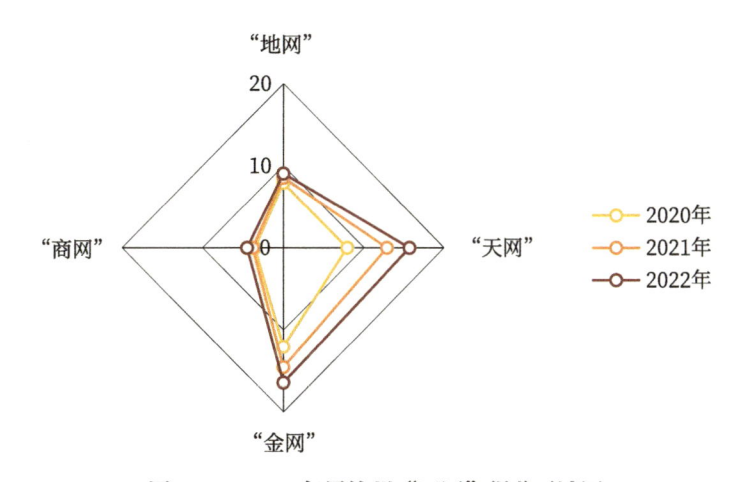

图5-13 2022年恩施州"四网"得分雷达图

---

① 2022 年，恩施土家族苗族自治州人口为 340.2 万人，面积为 24111 平方千米，地区生产总值为 1402.2 亿元，第一产业、第二产业、第三产业增加值分别为 253.11 亿元、371.28 亿元、777.80 亿元。

恩施州"天网""金网"发展较好,"地网""商网"发展相对薄弱,需进一步提升。2020—2022 年,"天网""金网"稳步增长,"地网""商网"增幅均较小。2022 年恩施州供应链发展水平排名情况如表 5-25 所示。

表5-25 2022年恩施州供应链发展水平排名

类别	综合	"地网"	"天网"	"金网"	"商网"
排名	13	15	12	13	15

近年来,恩施州紧紧围绕建设"两山"实践创新示范区的使命任务,结合地区特点与发展实际,重点围绕生态富硒产业全产业链发展,从强化城乡寄递物流体系建设促进农产品上行、依托都市圈创新创业联盟等突破发展硒产品精深加工、强化对外合作共建供销贸易体系等方面,强化供应链体系建设,努力打造全国硒产业高地,2020—2022 年,供应链发展水平年均增长率达 18.96%(见表 5-26)。

表5-26 2020—2022年恩施州供应链发展水平增速情况

年度	2020年	2021年	2022年	三年年均增长率
增长率	29.95%	12.66%	14.26%	18.96%

"地网"方面,恩施州"地网"发展水平全省排名第 15 位。恩施州作为武陵腹地、鄂西边陲,"地网"发展面临天然挑战,党的十八大以来,恩施州围绕"建设鄂西重要交通门户、打造武陵山片区交通枢纽"的战略定位,交通基础设施建设全面提速,大通道建设步伐加快,初步形成"铁水公空邮"综合交通发展格局。基础设施体系逐步完善的同时,恩施州也面临冷链物流设施不足、"铁水公空"多式联运能级不高、外向型物流通道缺乏等突出性短板。

"天网"方面,恩施州"天网"发展水平全省排名第 12 位。近年来,恩施州强化数字赋能,大力发展数字经济,加快建设"数智恩施","天网"发展取得一定成效。2022 年新建 5G 基站 1654 个,新增光纤宽带端口 30 万个,依托强大的信息化基础设施赋能实体经济发展,组建恩施州数字产业发展公司,同步大力发展网上商城、直播带货、智慧工厂、智慧景区等,促进数字经济初见成效。尽管恩施州"天网"发展较为迅速,但"天网"与"地网"协同联动不足,物流信息化平台建设滞后,发展能级有待进一步提升。

"金网"方面,恩施州"金网"发展水平全省排名第13位。恩施州创新金融产品,支持银行尤其是地方法人银行机构为小微企业等经营主体量身定做融资产品,合理确定贷款额度、放款进度和回收期限,积极扩大"两山贷""银税互动""政采贷"等业务的覆盖范围,大力推动供应链金融、应收账款质押融资、票据贴现等业务试点和普及工作,促进产业链的高质量发展。

"商网"方面,恩施州"商网"发展水平全省排名第15位。恩施州围绕富硒茶业等核心产业,充分利用国内国际市场两种资源,推进内外贸一体化和"线上线下"双向融合,帮助企业稳订单、稳市场。一方面,盯紧《区域全面经济伙伴关系协定》和"一带一路"建设新机遇,以省级"千企百展出海拓市场"行动为载体,多渠道多方式开拓国际市场;另一方面,抓住国家内外贸一体化契机,搭建州级产品营销平台,帮助企业拓宽国内市场营销渠道。2022年,恩施州实际利用外资450万美元、省外资金47.78亿元,出口贸易额由建州初期的186万美元增长到2022年的5379万美元,县域经济考核连续6年位居全省三类县市前列。

总体而言,恩施州供应链"四网"发展较好地支撑了本地现代产业的发展。下一步,恩施州需结合自身发展实际,切实发挥"土、硒、茶、凉、绿"五大优势,补齐"地网"短板,重点加强交通基础设施建设,强化冷链物流体系构建,拓展对外物流通道网络;强化"天网"融合,围绕城乡物流、富硒产业等重点领域构建供应链平台,推进产业数字化与数字产业化;打造"金网"样板,结合恩施州富硒产业集群,进一步创新供应链金融产品与模式,打造都市圈供应链金融发展样板;提升"商网"质效,主动融入宜荆荆都市圈,巩固对口合作成果,拓展商贸流通覆盖范围与发展能级。

5.14 潜江市

2022年,潜江市[①]供应链发展水平排名全省第14位。从分项指标来看,潜江"地网"排名全省第14位,"天网"排名全省第13位,"金网"排名全省第16位,"商网"排名全省第9位。2022年潜江市"四网"得分情况如图5-14所示。

---

① 2022年,潜江市人口为85.60万人,面积为2004平方千米,地区生产总值为886.65亿元,第一产业、第二产业、第三产业增加值分别为100.08亿元、379.93亿元、406.64亿元。

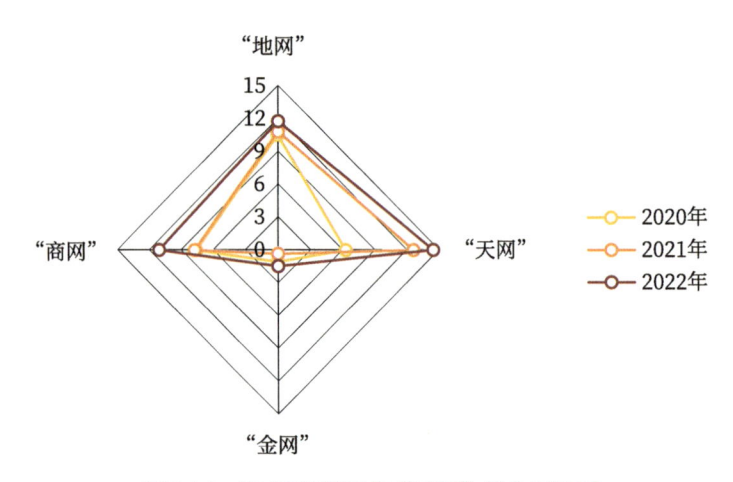

图5-14　2022年潜江市"四网"得分雷达图

潜江市"地网""天网""商网"发展较好,"金网"发展较为薄弱,亟须进一步提升。2020—2022年,除"金网"外,"地网""天网""商网"均稳步增长。2022年潜江市供应链发展水平排名情况如表5-27所示。

表5-27　潜江市供应链发展水平排名

类别	综合	"地网"	"天网"	"金网"	"商网"
排名	14	14	13	16	9

近年来,潜江市结合自身产业特点,围绕小龙虾、纺织服装等特色产业,加快构建现代供应链体系,创新搭建中国虾谷供应链平台,打造"潜江龙虾"区域公用品牌,品牌价值达350.80亿元,入选国家农业品牌精品培育计划,形成了供应链支撑产业链发展的"潜江模式"。2020—2022年,供应链发展水平年均增长率达18.39%(见表5-28)。

表5-28　2020—2022年潜江市供应链发展水平增速情况

年度	2020年	2021年	2022年	三年年均增长率
增长率	22.43%	19.58%	13.14%	18.39%

"地网"方面,潜江市"地网"发展水平全省排名第14位。近年来,潜江市综合交通持续改善,江汉平原货运铁路潜江北站建成投运,潜江港泽口港区综合码头、监利至潜江输油管道建设持续推进,依托汉宜高速、枣石高速联入武汉都市圈高速

路网，依托"三纵四横"的国省干线，实现与圈内城市互联互通；同步加快物流枢纽节点布局，大力发展冷链物流、大型仓储、农村寄递物流，依托中国小龙虾交易中心，形成覆盖全国 600 多个大中城市的物流运输网络；交投拓达、捷阳物流、鑫园物流、传化公路港等物流企业发展壮大，通达全国、供应全国的物流体系逐步形成。但通道潜力挖掘不够，对外开放内外衔接不畅问题突出，对接武汉天河国际机场、武汉阳逻港、中欧班列（武汉）等国际窗口的高效便捷、低成本的物流通道尚未打通，汉江航道、江汉平原货运铁路等物流通道优势未得到有效发挥，对全市产业支撑能力较弱。

"天网"方面，潜江市"天网"发展水平全省排名第 13 位。近年来，潜江以"数字潜江"建设为统领，全面推进数字化转型发展，高标准规划建设覆盖全域的 5G 基站，构建赋能千行百业的 5G 智慧网络体系；推动产业数字化，实施"技改提能、制造焕新"工程，启动工业技改全覆盖工程，加快机器换人、设备换芯、生产换线，梯次推进企业"智改数转"，引导支持企业"上云用数赋智"；创新打造中国虾谷供应链平台，整合小龙虾全产业链信息资源，有效提升产业链发展能级。

"金网"方面，潜江市"金网"发展水平全省排名第 16 位。潜江市充分利用产业优势，鼓励金融机构加强创新，围绕小龙虾等特色产业，通过"四流"（物流、信息流、资金流、商流）数据，多维度、全方位对客户进行系统评估并提供个性化的金融服务，助力特色产业高质量发展。潜江市"金网"发展较好地与特色产业进行了融合，但是覆盖面有限，石油化工、盐化工等传统优势产业供应链金融发展较为滞后。

"商网"方面，潜江市"商网"发展水平全省排名第 9 位。近年来，潜江市"商网"体系稳步发展，2022 年，全市完成社会消费品零售总额 315.46 亿元，同比增长 3.00%，增幅全省排名第 9 位，高于全省平均增幅 0.20 个百分点；全市进出口总额为 138.00 亿元，同比增长 56.80%，增幅位于全省第 2 位，高于全省平均增幅 41.90 个百分点，其中，进口额为 119.60 亿元，同比增长 67.80%，高于全省平均增幅 62.40 个百分点，总量位于全省第 3 位，增幅位于全省第 1 位，对外贸易增长创历史新高，获批水产品国家外贸转型升级基地。潜江市"商网"总体持续向好发展，但问题依然明显，受本地产业结构、关税壁垒、汇率波动等因素影响，进出口产品附加值较低，特色农产品企业出口意愿不高，导致产业大而不强，难以向价值链中高端跃升。

总体而言，潜江市供应链体系建设较好地支撑了本地产业发展，但是距离建设四化同步发展示范区的总体要求还存在一定差距。下一步，潜江市需持续推动"地网"发挥效能，筑牢对外开放的物流设施根基，提升对外开放水平，以高质量的物流供给引领潜江市外向型产业的发展，助力"潜江龙虾"等特色产业走向全国、迈向世界；加快补齐"天网"短板，推动5G等数字化新型基础设施建设，强化重点产业供应链平台建设；扩大"金网"覆盖面，强化供应链金融企业培育，鼓励金融机构围绕全市主要产业针对性开发供应链金融产品，围绕全产业链创新提供金融服务；增强"商网"发展动能，在通关、金融等方面综合施策，通过政策精准引导商贸企业纾困解难，减轻企业进出口压力，为企业发展外贸增添信心。

5.15　仙桃市

2022年，仙桃市[①]供应链发展水平排名全省第15位。从分项指标来看，仙桃市"地网"排名全省第13位，"天网"排名全省第15位，"金网"排名全省第14位，"商网"排名全省第11位。2022年仙桃市"四网"得分情况如图5-15所示。

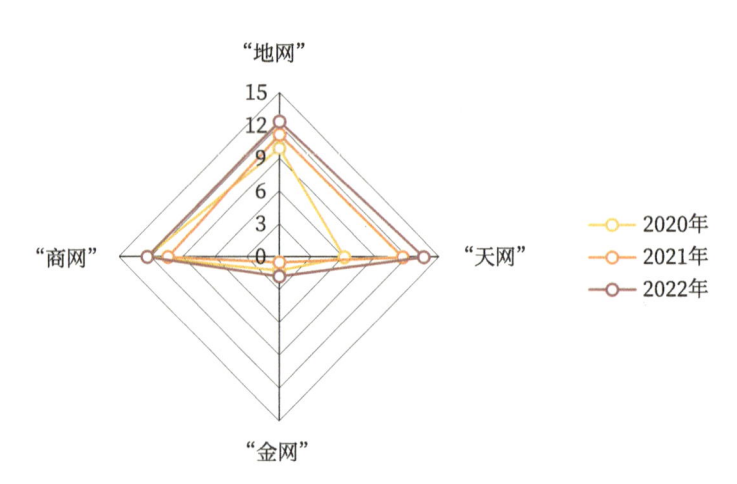

图5-15　2022年仙桃市"四网"得分雷达图

仙桃市"地网""天网""商网"发展较好，"金网"发展较为薄弱，亟须进一步提升。2021年"商网"得分低于2020年，呈下降趋势，需进一步加强。2020—

---

① 2022年，仙桃市人口为110.60万人，面积为2538平方千米，地区生产总值为1013.14亿元，第一产业、第二产业、第三产业增加值分别为122.60亿元、416.64亿元、428.90亿元。

2022年，"地网""天网"稳步增长，具有发展潜力。2022年仙桃市供应链发展水平排名情况如表5-29所示。

表5-29 2022年仙桃市供应链发展水平排名

类别	综合	"地网"	"天网"	"金网"	"商网"
排名	15	13	15	14	11

近年来，仙桃市充分发挥现有产业优势，加强省市联动，贯彻落实湖北省供应链体系建设决策部署，依托湖北华纺链平台，做优做强"仙桃华纺链"，有力支撑纺织服装产业发展，探索构建非织造布供应链体系、仙桃黄鳝供应链体系，推动特色产业高质量发展。2020—2022年，供应链发展水平年均增长率达18.25%（见表5-30）。

表5-30 2020—2022年仙桃市供应链发展水平增速情况

年度	2020年	2021年	2022年	三年年均增长率
增长率	19.88%	18.22%	16.66%	18.25%

"地网"方面，仙桃市"地网"发展水平全省排名第13位。仙桃市紧邻武汉市，318国道、汉宜高铁、沪渝高速横贯东西，随岳高速和武汉都市圈环线高速贯穿南北，随着汉江航运条件的逐步改善和江汉平原货运铁路的持续建设运营，现代物流服务进一步改善，仙桃市的区位优势得到进一步体现。但是，仙桃市物流业专业化程度偏低，物流设施规模化程度不足，物流企业"小、散、弱"现象明显，缺乏提供全流程供应链物流服务企业。

"天网"方面，仙桃市"天网"发展水平全省排名第15位。仙桃市以两化融合为切入点，支持骨干企业"上云、用数、赋智"，鼓励引导企业建设数字化车间和智能工厂，用好互联网、物联网，以生产提"智"带动产业提质，加速数字化与产业化深度融合。尽管具备一定基础，但仙桃市数字经济应用场景有待进一步丰富，农业、工业、服务业等传统产业数字化转型升级步伐有待加快。

"金网"方面，仙桃市"金网"发展水平全省排名第14位。仙桃市金融机构发挥金融科技和大数据优势，围绕纺织服装、黄鳝等特色产业，探索开展供应链担保融资服务，实施"核心企业+上下游客户+担保企业+银行"四方联合服务模式，有效缓解企业发展面临的"融资难""融资贵"问题，助力特色产业高质量发展。同时，仙桃市供应链金融也面临覆盖面不广等问题，装备制造、食品加工等传统产业供应链金融发展较为滞后。

"商网"方面，仙桃市"商网"发展水平全省排名第 11 位。2022 年，仙桃市在全国县域经济百强中再进 11 位，居第 65 位；跻身中部县域经济十强，居湖北首位。全市社会消费品零售总额为 498.32 亿元，同比增长 3.40%，居全省第 5 位，发展势头强劲。仙桃市作为"中国非织造布产业名城"，获批国家外贸转型升级基地（纺织）。同时，仙桃市"商网"发展面临的问题较为突出，无纺布制品内外贸订单大幅减少，进口短板明显，跨境电商进口试点工作推进缓慢，2022 年进口额处于负增长状态。

总体而言，仙桃市供应链体系建设较好地支撑了本地产业发展。下一步，仙桃市需进一步补齐"地网"短板，做大做强物流设施规模，促进多种运输方式高效衔接，强化物流市场主体培育，加强与武汉市重要物流通道的衔接，提升"地网"服务能级；强化"天网"深度融合，加强物联网、大数据等先进技术应用，推动重点产业数字化发展；扩大"金网"覆盖面，强化供应链金融市场主体培育，鼓励金融机构围绕重点产业创新金融产品，提升供应链金融服务水平；增强"商网"内生动力，发挥仙桃市外向型产业优势，加快推动综合保税区申报建设，推动跨境电商先行先试，培育壮大商贸市场主体，打造一批内外贸融合发展平台，助力形成具有仙桃市特色、具有国际竞争力、融合发展的现代化产业集群。

5.16 天门市

2022 年，天门市[①]供应链发展水平排名全省第 16 位。从分项指标来看，天门市"地网"排名全省第 12 位，"天网"排名全省第 16 位，"金网"排名全省第 15 位，"商网"排名全省第 16 位。2022 年天门市"四网"得分情况如图 5-16 所示。

---

① 2022 年，天门市人口为 110.70 万人，面积为 2622 平方千米，地区生产总值为 730.05 亿元，第一产业、第二产业、第三产业增加值分别为 102.30 亿元、301.18 亿元、326.57 亿元。

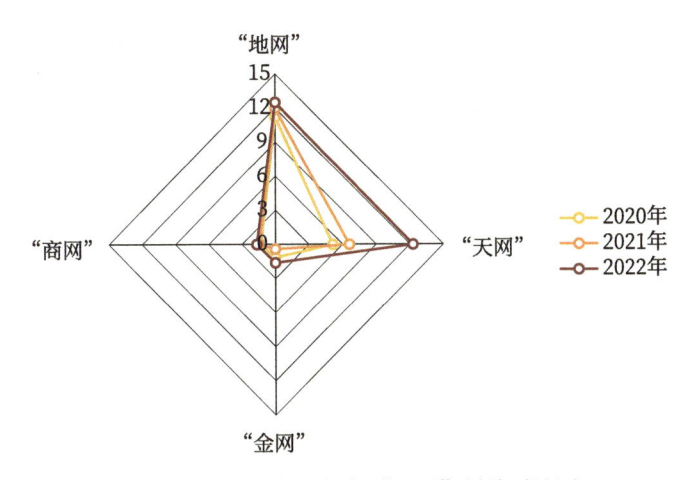

5 湖北省各市（州）供应链发展水平分析

图5-16 2022年天门市"四网"得分雷达图

天门市"地网""天网"发展较好，"金网""商网"发展较为薄弱，亟须进一步提升。2022年，"天网"增幅最大，具有发展潜力。2022年天门市供应链发展水平排名情况如表5-31所示。

表5-31 2022年天门市供应链发展水平排名

类别	综合	"地网"	"天网"	"金网"	"商网"
排名	16	12	16	15	16

近年来，天门市持续推动供应链体系建设，相继发布《天门市加大金融支持助力实体经济发展若干措施》《天门市物流业发展"十四五"规划与2021—2035年远景目标规划》等政策文件，从顶层设计层面指导全市供应链体系建设，并取得了一定实践成效。2020—2022年，供应链发展水平年均增长速率达19.28%（见表5-32）。

表5-32 2020—2022年天门市供应链发展水平增速情况

年度	2020年	2021年	2022年	三年年均增长率
增长率	20.20%	8.20%	29.45%	19.28%

"地网"方面，天门市"地网"发展水平全省排名第12位。天门市"地网"较好地支撑了本地产业发展，但仍面临诸多短板。目前，全市缺乏大型龙头物流企业和物流园区，现有物流企业存在"小、散、弱"的问题；市域内多种运输方式孤立发展，"公铁""公水""铁水"的多式联运衔接不畅，综合交通运输比较优势和整体效益得不到充分发挥。

"天网"方面，天门市"天网"发展水平全省排名第 16 位。天门市信息化基础设施建设较为薄弱，为提升天门市信息化发展水平，《天门市国民经济和社会发展第十四个五年规划和二〇三五年远景目标纲要》提出要加速数字化转型升级，提供智慧便捷的公共服务，加快智慧城市建设，推进数字乡村建设，加强数据资源开放共享，推动政府大数据能力建设。

"金网"方面，天门市"金网"发展水平全省排名第 15 位。天门市作为全国重要农业生产基地，天门市按照全产业链开发、全供应链优化、全价值链提升的思路，鼓励金融机构加强金融支持，解决农业企业季节性资金周转难题，依托"惠农e贷""农链贷"金融产品，支持农业稳定发展。此外，天门市还围绕纺织服装、农产品深加工等产业持续探索供应链金融发展，有效支撑产业发展。

"商网"方面，天门市"商网"发展水平全省排名第 16 位。2022 年，天门市社会消费品零售总额为 374.24 亿元，同比增长 1.70%，位于全省第 13 位。货物进出口额为 15.70 亿元，同比增长 25.80%，位于全省第 16 位。其中，出口额为 15.60 亿元，同比增长 25.80%。受产业集群规模和城市体量限制，天门市暂未获批省级及以上商贸类资质。

总体而言，天门市供应链发展水平和其他城市相比存在一定差距。"地网"方面，天门市应进一步完善交通物流基础设施，强化龙头物流企业培育，强化科技赋能，促进物流业转型升级。"天网"方面，应持续加强信息基础设施建设，筑牢供应链平台发展基础，强化与全省供应链平台对接。"金网"方面，应进一步强化政策支持，鼓励金融机构围绕特色产业，丰富金融产品，优化金融供给。"商网"方面，应持续完善市域商贸体系，加强与仙桃市、潜江市等周边地区的联动发展，打造区域商贸体系。同时，积极融入以"武鄂黄黄"为核心的武汉都市圈商贸体系，对接武汉市国家级流通节点城市建设，提升外贸发展能级。

5.17 神农架林区

2022 年，神农架林区[①]供应链发展水平排名全省第 17 位。从分项指标来看，神农架林区"地网""天网""金网""商网"均排名全省第 17 位。2022 年神农架林

---

① 2022 年，神农架林区人口为 6.29 万人，面积为 3253 平方千米，地区生产总值为 35.61 亿元，第一产业、第二产业、第三产业增加值分别为 2.41 亿元、9.19 亿元、24.01 亿元。

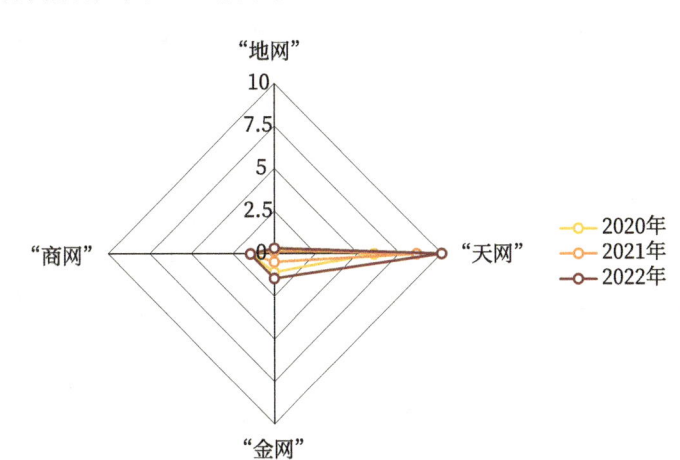

区"四网"得分情况如图 5-17 所示。

图5-17 2022年神农架林区"四网"得分雷达图

神农架林区"天网"发展较好,"地网""金网""商网"发展相对薄弱,需进一步提升。2020—2022 年,"天网"稳步增长,极具发展潜力,"地网""金网""商网"均呈缓慢增长,需加强发展。2022 年神农架林区供应链发展水平排名情况如表 5-33 所示。

表5-33 神农架林区供应链发展水平排名

类别	综合	"地网"	"天网"	"金网"	"商网"
排名	17	17	17	17	17

近年来,神农架林区紧扣建设生态文明建设示范区的目标定位,围绕农林、旅游等特色产业持续推动供应链体系建设,加快完善综合交通运输体系,加强数字化建设,提升金融服务水平。2020—2022 年,供应链发展水平年均增长速率达 68.89%（见表 5-34）。

表5-34 2020—2022年神农架林区供应链发展水平增速情况

年度	2020年	2021年	2022年	三年年均增长率
增长率	167.72%	17.28%	21.68%	68.89%

"地网"方面,神农架林区"地网"发展水平全省排名第 17 位。神农架林区围绕打造"东接襄阳、西连重庆,北通十堰、南至恩施"的立体综合交通体系格局,

近年来持续完善综合交通运输体系，着力将林区建成鄂西绿色交通发展示范区、湖北省交旅融合发展示范区。同时，受地形条件限制，林区内缺乏大型物流园区，现有园区数量不足，服务功能单一。另外，农村物流发展滞后，物流网点布局不合理、物流网络不健全、物流信息化不足等问题突出。

"天网"方面，神农架林区"天网"发展水平全省排名第 17 位。神农架林区由于人口少、财政规模小、区域面积大、交通不便利的区域特点，造成信息化建设需求多、资金需求大；同时，信息化建设财政投入紧张、信息系统建设效能不充分，直接导致"天网"发展相对薄弱。为了克服区域面积大、人口规模少的困难，神农架林区大力发展互联网和移动互联网的建设。截至 2022 年底，林区公共互联网有线宽带行政村覆盖率达 100.00%，自然村覆盖率达 80.00%。在移动互联网方面，林区已实现主要乡镇 5G 全覆盖，每万人 5G 基站数位于全省前列。

"金网"方面，神农架林区"金网"发展水平全省排名第 17 位。为提升金融服务水平，林区政府强化政策引导，鼓励中国人民银行神农架林区支行引导更多金融资源为林区文化旅游产业、农业产业高质量发展提供金融支撑，已围绕文旅产业链、农业（茶叶）产业链探索多元化金融服务产品，有效支撑产业发展。

"商网"方面，神农架林区"商网"发展水平全省排名第 17 位。农旅作为林区主要产业，商贸发展相对滞后。2022 年，神农架林区社会消费品零售总额为 17.90 亿元，与湖北省其他城市有着较大的差距，位于全省第 17 位。

总体而言，神农架林区的特殊地理条件以及较为薄弱的产业基础，导致神农架林区经济发展和供应链建设落后于全省其他地区。下一步，神农架林区需围绕旅游、农林等特色产业，强化供应链体系搭建。"地网"方面，神农架林区应加强交通基础设施的建设，大力发展旅游公路，提升旅游运输效率。"天网"方面，应强化政策支持，加大财政投入，围绕特色产业搭建供应链平台。"金网"方面，应强化政策引领，引入更多的金融资源为当地的旅游产业、农业产业提供金融支撑。"商网"方面，应发挥省级电子商务示范企业的引领作用，结合当地旅游业发展的特点，强化多业融合，带动本地商贸发展。

6 全国副省级城市供应链发展水平分析

作为湖北省的省会城市，武汉市在湖北省供应链体系建设中处于绝对领先地位。本章旨在通过对武汉市与其他副省级城市供应链发展的比较，深入分析武汉市在供应链发展中的相对位置，更准确地把握武汉市在"地网""天网""金网""商网"方面的优势与不足。这种比较不仅有助于全面评估武汉市的供应链发展水平，还能为其未来的战略调整和政策制定提供参考依据，从而进一步巩固和提升武汉市在全国供应链生态体系中的地位。

6.1 全国副省级城市供应链发展水平总体情况

6.1.1 全国副省级城市供应链发展水平综合得分及排名情况

2022 年副省级城市供应链发展水平综合得分及排名如表 6-1 所示，深圳市、广州市、杭州市、成都市以 81.89 分、65.07 分、44.70 分、43.21 分位居全国前四位，供应链发展水平处于全国前列。武汉市以 42.89 分排名第 5 位，居副省级城市前列。未来，武汉市应持续加强供应链体系建设，供应链发展水平力争达到全国领先地位。

表6-1　2022年副省级城市供应链发展水平综合得分及排名

城市	综合得分	排名
深圳市	81.89	1
广州市	65.07	2
杭州市	44.70	3
成都市	43.21	4
武汉市	42.89	5
宁波市	42.58	6
厦门市	41.74	7
青岛市	41.05	8
南京市	37.98	9
西安市	33.78	10
济南市	30.06	11
大连市	22.94	12
沈阳市	19.42	13
哈尔滨市	12.77	14
长春市	12.27	15

注：本书在数据标准化处理的过程中，采用的是极差标准化方法，由于湖北省17个市（州）的数据与15个副省级城市的数据最大值和最小值均不同，故经过数据标准化处理后的值不同，最终通过权重计算后的供应链综合得分有所不同。

6.1.2　供应链发展水平梯度分布情况

副省级城市供应链发展水平梯度分布情况如表6-2所示。

表6-2　副省级城市供应链发展水平梯度分布情况

梯队	城市	得分	特征
第一梯队	深圳市、广州市	[50，100)	四个一级指标表现较为均衡，供应链整体发展水平处于副省级城市中的领先地位
第二梯队	杭州市、成都市、武汉市、宁波市、厦门市、青岛市、南京市、西安市、济南市	[30，50)	四个一级指标表现各有侧重，供应链发展具有较大潜力
第三梯队	大连市、沈阳市、哈尔滨市、长春市	[0，30)	四个一级指标都有较大的提升空间，供应链发展水平一般，亟待提升

从发展水平的角度看，全国副省级城市供应链发展水平可根据综合得分分为三个梯队，第一梯队为深圳市和广州市，综合得分在50～100分。第二梯队为杭州市、成都市、武汉市、宁波市、厦门市、青岛市、南京市、西安市、济南市，综合得分在30～50分。第三梯队为大连市、沈阳市、哈尔滨市、长春市，综合得分在0～30分。第一梯队城市占比约为13.33%，第二梯队城市占比为60.00%，第三梯队城市占比为26.67%，全国供应链发展水平整体具有较大的提升空间。

从"四网"的角度看，15个城市在"地网""天网""金网""商网"四个维度得分分布不均衡，四个维度得分高于50分的城市数量占比分别为20.00%、20.00%、6.67%、26.67%，得分低于30分的城市数量占比分别为33.33%、26.67%、26.67%、40.00%。由此可见，在"金网"维度中，其他城市与第一梯队城市的发展差距更大，排名较为靠后的城市应着重加强供应链金融体系建设，促进"四网"均衡发展。

6.1.3 2020—2022年副省级城市供应链发展情况

2020—2022年副省级城市供应链发展水平综合得分情况如表6-3所示。

表6-3　2020—2022年副省级城市供应链发展水平综合得分情况

城市	地区生产总值排名（2022年）	综合得分排名（2022年）	2020—2022年综合得分平均增速	2020—2022年综合得分平均增速排名
深圳市	1	1	14.19%	14
广州市	2	2	12.78%	15
杭州市	5	3	17.44%	9
成都市	3	4	15.29%	12
武汉市	4	5	15.79%	11
宁波市	7	6	22.23%	6
厦门市	12	7	23.64%	5
青岛市	8	8	16.90%	10
南京市	6	9	14.99%	13
西安市	10	10	17.46%	8
济南市	9	11	19.33%	7
大连市	11	12	24.41%	3
沈阳市	13	13	24.14%	4
哈尔滨市	15	14	28.30%	2
长春市	14	15	30.68%	1

可以看出，供应链发展水平综合得分排名和地区生产总值排名并不完全相同，但具有高相关性。2020—2022年综合得分平均增速体现出各副省级城市供应链发展前景状况，总体来说，15个副省级城市综合得分平均增速均高于12.00%。其中，综合得分排名第1位的深圳市平均增速为14.19%，呈现出稳中向好的态势；综合得分排名较后的哈尔滨市和长春市2020—2022年平均增速高达28.30%和30.68%，展示出其强大的发展潜力。除深圳市、广州市、南京市外，其他副省级城市增速均在15.00%~35.00%。可见，全国供应链整体发展水平处于高速上升期，供应链发展动力强劲。

供应链发展水平综合得分排名前5位的副省级城市均呈现三年综合得分逐年上升的趋势，如图6-1所示。杭州市、成都市、武汉市三年平均增速均高于15.00%，具有较高的发展潜力。

图6-1　供应链发展水平综合得分排名前5位的副省级城市得分情况

6.1.4　副省级城市供应链发展水平与地区生产总值、产业结构关联性分析

副省级城市供应链发展水平与经济发展水平具有强关联性。供应链发展水平综合得分与各副省级城市地区生产总值水平的皮尔森相关系数达0.934，说明两者具有强关联性。

此外，供应链发展水平的滞后项[①]与第二产业、第三产业增加值占地区生产总

---

① 滞后项是指前一年的供应链发展水平，例如2020年的相关性计算是使用2019年的供应链发展水平与2020年的第二、第三产业增加值总和占地区生产总值的比值。

值比值的相关性在 2020 年、2021 年、2022 年分别为 0.761、0.771 和 0.775（经统计测算具有显著性），呈逐年递增的趋势，说明供应链发展水平对产业结构优化的引领作用是逐年提升的。同时，供应链发展水平综合得分与第二产业、第三产业增加值的皮尔森相关系数分别为 0.927、0.907，显示副省级城市供应链发展水平与第二产业、第三产业增加值具有较强关联性，体现出供应链发展在推动现代化产业体系建设的重要作用。2022 年，副省级城市供应链发展水平综合得分与地区生产总值的关联分析如图 6-2 所示，副省级城市供应链发展水平综合得分与第二产业、第三产业增加值的关联分析如图 6-3 所示。

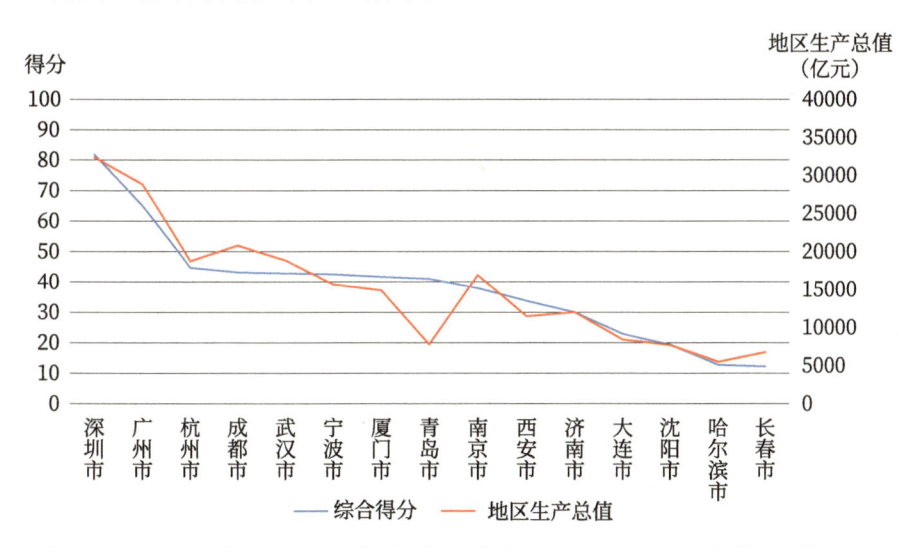

图6-2　2022年副省级城市供应链发展水平综合得分与地区生产总值的关联分析

图6-3　2022年副省级城市供应链发展水平综合得分与第二产业、第三产业增加值的关联分析

6.2 副省级城市供应链"四网"发展水平

6.2.1 "地网"整体发展趋势

2022年，副省级城市"地网"得分与排名情况如表6-4所示。

表6-4 2022年副省级城市"地网"得分与排名情况

城市	得分	排名
广州市	70.46	1
深圳市	65.86	2
武汉市	60.06	3
成都市	44.76	4
青岛市	42.30	5
西安市	40.46	6
杭州市	37.34	7
济南市	36.52	8
南京市	34.80	9
宁波市	34.38	10
厦门市	27.50	11
大连市	21.34	12
沈阳市	18.56	13
长春市	12.80	14
哈尔滨市	10.58	15

"地网"对各副省级城市的发展起着基础性作用。广州市"地网"得分稳居第一位，深圳市、武汉市入围前三位，广州市、深圳市和武汉市的"地网"得分远高于其他城市。第一梯队城市间"地网"得分差距较小，第三梯队城市整体"地网"得分较低。

武汉市具有得天独厚的区位优势以及良好基础的交通体系，距离北京市、上海市、广州市、成都市等大城市都在1000千米左右，是我国交通承东启西、沟通南北、维系四方的地理中心。西安市铁路网总里程为601千米，其中高铁总里程为224千米，

"米"字形高铁网格局初具规模，西安咸阳国际机场是西北地区最大的空中综合交通枢纽，综合运输能力稳步增长，服务品质显著提升。

2022年，部分副省级城市"地网"得分与其综合得分比较如图6-4所示。与2022年供应链发展水平综合得分相比，广州市、武汉市、西安市等城市的"地网"得分高于综合得分，体现出"地网"对区域供应链发展水平的带动支撑作用。深圳市、杭州市、宁波市等城市的"地网"得分低于综合得分，需进一步因地制宜，完善交通基础设施建设，释放当地交通运输潜力，为当地供应链发展提供基础支撑。

图6-4　2022年部分副省级城市"地网"得分与综合得分比较

6.2.2 "天网"整体发展趋势

2022年，副省级城市"天网"得分与排名情况如表6-5所示。

表6-5　2022年副省级城市"天网"得分与排名情况

城市	得分	排名
深圳市	88.59	1
广州市	76.50	2
杭州市	55.74	3
成都市	47.14	4
南京市	46.71	5

续表

城市	得分	排名
厦门市	46.58	6
青岛市	41.61	7
武汉市	39.18	8
西安市	36.76	9
济南市	36.57	10
宁波市	34.89	11
大连市	17.78	12
哈尔滨市	15.44	13
沈阳市	12.12	14
长春市	12.10	15

"天网"对各副省级城市的发展起着关键性作用。深圳市"天网"稳居第一位，广州市位列第二位，两市"天网"得分远高于其他城市。第二梯队城市间"天网"得分有一定的差距，第三梯队城市间整体"天网"得分较低。

杭州市是阿里巴巴总部所在地，汇集了一大批互联网巨头企业，互联网信息技术发展水平较高，带动杭州市的信息技术发展，在全国处于领先地位。南京市的软件和信息服务集群、新型电力智能电网装备集群，入选首批国家先进制造业集群，8家企业入围中国软件业务收入百强，在数字经济方面获得国家科学技术奖24项，居全国第二，96件产品入围"中国优秀软件产品"。

2022年，部分副省级城市"天网"得分与其综合得分比较如图6-5所示。与2022年供应链发展水平综合得分相比，深圳市、广州市、杭州市等城市的"天网"得分明显高于综合得分，体现出"天网"在推动地区供应链发展中的优势地位。武汉市等城市"天网"得分略低于综合得分，需进一步加强信息基础设施的建设与发展，持续激发"天网"活力，为供应链发展提供关键性支撑作用。

6 全国副省级城市供应链发展水平分析

图6-5 2022年部分副省级城市"天网"得分与综合得分比较

6.2.3 "金网"整体发展趋势

2022年，副省级城市"金网"得分与排名情况如表6-6所示。

表6-6 2022年副省级城市"金网"得分与排名情况

城市	得分	排名
深圳市	86.67	1
广州市	49.55	2
杭州市	41.34	3
厦门市	39.48	4
宁波市	37.32	5
南京市	36.80	6
武汉市	33.71	7
成都市	31.96	8
青岛市	30.92	9
济南市	30.82	10
西安市	30.17	11
大连市	23.34	12
沈阳市	20.77	13
长春市	17.28	14
哈尔滨市	12.57	15

"金网"对各副省级城市的发展起着支撑性作用。深圳市"金网"稳居第一位，广州市、杭州市入围前三位，深圳市"金网"得分远高于其他城市。部分第二梯队城市间"金网"得分差距较大，第三梯队城市整体"金网"得分较低。

厦门市随着对外贸易侨汇涌入和财富积累，逐步发展成为辐射华南及东南亚区域的金融中心，建设涵盖银行、证券、保险及地方金融等多行业配套发展、功能完备、运行稳健的开放型金融服务体系。宁波市以"一核引领、双轮驱动、三带协同、多点联动"为特色，打造金融产业发展新空间，形成"由点及线、全面带动"的全覆盖、多方位、立体式发展体系。南京市作为东部地区重要中心城市，正在加快打造东部重要金融中心，金融综合实力稳步增强，金融市场主体质量持续提升，金融实体经济成效显著。

2022年，部分副省级城市"金网"得分与其综合得分比较如图6-6所示。与2022年供应链发展水平综合得分相比，杭州市、厦门市、南京市等城市的"金网"得分与综合得分基本一致，体现出"金网"对地区供应链发展水平的带动作用。广州市、成都市、青岛市等城市的"金网"得分明显低于综合得分，需进一步完善相关政策制度，鼓励支持供应链金融市场发展，为当地供应链持续发展提供有利的资金支持，充分发挥"金网"的支撑性作用。

图6-6 2022年部分副省级城市"金网"得分与综合得分比较

6.2.4 "商网"整体发展趋势

2022 年，副省级城市"商网"得分与排名情况如表 6-7 所示。

表6-7　2022年副省级城市"商网"得分与排名情况

城市	得分	排名
深圳市	90.28	1
广州市	62.39	2
宁波市	59.40	3
厦门市	54.25	4
杭州市	46.95	5
成都市	46.54	6
青岛市	46.18	7
南京市	36.13	8
武汉市	34.32	9
大连市	27.70	10
西安市	27.53	11
沈阳市	24.24	12
济南市	18.76	13
哈尔滨市	13.30	14
长春市	8.51	15

"商网"对各副省级城市的发展起着决定性作用。深圳市"商网"稳居第一位，广州市、宁波市入围前三位。深圳市"商网"得分远高于其他城市，部分第二梯队城市间"商网"得分差距较大，第三梯队城市整体"商网"得分较低。

2022 年，宁波市外贸进出口总额达到 1.27 万亿元，同比增长 10.00%，占全国比重稳中有升，外贸新业态、新模式更加成熟，新型外贸基础设施更加完备，巩固了中国"外贸第六城"的地位。厦门市统筹对外联络交流、贸易投资促进、商事法律服务、外资工作专班四条主线，推进外贸国际化更有张力、平台化更具实力、多元化更增活力，立足对外经贸优势，助力厦门市打造新发展格局节点城市。厦门市拥有建发股份、国贸股份、象屿集团三大供应链运营企业，其 2022 年的营业收入总额分别为 7195.80 亿元、6049.90 亿元、4843.80 亿元，同比分别增长 62.70%、50.50%、29.20%，供应链现代化、协同化和国际化水平持续提升。

2022 年，部分副省级城市"商网"得分与其综合得分比较如图 6-7 所示。与 2022 年供应链发展水平综合得分相比，深圳市、宁波市、厦门市等城市的"商网"得分明显高于综合得分，体现出"商网"对供应链发展的核心支撑作用。武汉市的"商网"得分明显低于综合得分，需进一步打造高质量的外贸市场，挖掘城市外贸潜力，发挥"商网"对城市发展的核心支撑作用。

图6-7 2022年部分副省级城市"商网"得分与综合得分比较

6.3 小结

一是内陆地区的"地网"普遍得分较高，武汉市、成都市、西安市的"地网"排名均处于前列，说明区位优势对物流体系发展至关重要。内陆城市交通便利，地理位置优越，形成了发达的交通网络。其完善的基础设施和区位优势，不仅促进物流效率提升，还推动区域经济发展。

二是"天网"排名与综合排名的前四位完全一致，且"天网"排名前七名的副省级城市"天网"得分均高于综合得分，说明"天网"发展领先，引领"四网"共同发展。信息网络在现代物流体系中扮演主导角色，为高效物流运行提供支撑。

三是"金网"和"商网"发展密切相关，宁波市和厦门市的"地网"和"天网"

排名并不突出，但"金网"和"商网"均排在前 5 位。表明沿海城市金融业的发展与贸易业相互促进，金融体系健康发展为贸易提供资金支持和风险管理，推动贸易和经济增长。

四是供应链综合得分排名靠前的城市增速普遍较缓慢，说明供应链发展水平相对发达的城市目前已由高速发展阶段转为高质量发展阶段。这些城市需进一步升级供应链体系，优化发展条件，突破创新，以应对日益激烈的经济竞争，持续提升综合竞争力。

五是综合得分增速与"商网"增速关联显著，宁波市、厦门市"商网"2020—2022 年综合得分平均增速排名靠前。表明"商网"是供应链发展的决定因素，对城市经济表现具有重要影响。各城市应重视"商网"建设，加速商贸流通，以实现经济稳健增长，增强市场竞争力。

六是武汉市供应链发展水平在副省级城市中位于第 5 位，其中"地网"排名第 3 位，"天网"排名第 8 位，"金网"排名第 7 位，"商网"排名第 9 位。武汉市得益于区位优势，"地网"发展水平位于前列，但"天网""金网""商网"相较于其他处于领先的副省级城市仍有较大差距，未来应充分利用区位优势，进一步提升"天网""金网""商网"水平，特别是发挥供应链平台的带动引领作用，加强供应链的金融支持和商贸流通，以提高整体供应链的效率和质量，进而推动经济持续健康发展。

7

"立足供应链、重塑产业链、提升价值链"的湖北实践成效分析

党的二十大以来，增强产业链供应链韧性和安全水平上升到了保障国家安全的战略高度，完善产业链供应链体系，成为助力产业高质量发展、保障实体经济稳定运行、服务构建新发展格局的重要内容。湖北省深入贯彻落实国家关于供应链发展的决策部署，紧扣"立足供应链、重塑产业链、提升价值链"的内在逻辑与发展规律，在全省范围内广泛推进供应链体系建设，形成多个依托供应链促进产业向价值链中高端跃升的"湖北实践"典型案例，成为供应链助推产业高质量发展的"湖北样板"。

7.1 武汉经济技术开发区以供应链体系建设"重塑"汽车产业供应链新生态

武汉经济技术开发区是武汉市工业经济的主战场，汽车产量占全省53.00%，已集聚9家整车企业、13家整车工厂、500多家知名零部件配套企业，年产整车近百万辆，是全国汽车产业集中度较高的区域之一。为进一步发挥武汉经济技术开发

区汽车产业及区位交通优势，引领"武襄十随"汽车产业集群转型升级，自2022年以来，武汉经济技术开发区以"用"为导向持续推进长江汽车产业供应链平台建设，奋力打造高效服务汽车产业发展的供应链体系。

"地网"方面，长江汽车产业供应链与主机厂合作，通过设立海外仓，布局海外经销、售后网络等方式，助力更多"湖北制造"汽车走出去。"天网"方面，长江汽车产业供应链数字化平台上线，涵盖客户下单、执行跟踪、供应资源管理等模块，融入集采、金融、信息、物流等服务功能，汽车制造企业可以对资源进行快速整合利用。"金网"方面，总规模达10亿元的湖北长江车百产业基金与数字平台同步成立，该基金由中国电动汽车百人会联合长江产业投资集团、武汉市、十堰市共同发起设立，围绕供应链生态体系投资布局。"商网"方面，长江汽车产业供应链有限公司通过打造汽车跨境供应链综合服务新生态，解决了提高车辆出口周转率的难题。通过与路特斯合作，实现了113辆整车出口，总额近7500万元，并将交付时间从3个月缩短到25天。

湖北省的汽车产业以武汉经济技术开发区为龙头，"武襄十随"汽车产业集群入选国家级先进制造业集群。2023年，武汉经济技术开发区工业经济发展实现"逆转胜"，规模以上工业增加值同比增长6.60%，规模以上工业总产值突破3600亿元，占全市比重近四分之一，总量继续稳居全市第一位，有力稳住了武汉市工业经济的"基本盘"。

7.2 宜昌市完善供应链体系引领"宜荆荆"打造世界级磷化工产业集群

宜昌市拥有长江流域最大的磷矿基地，磷矿资源储量占全国15.00%、全省50.00%以上，磷矿资源储量居全省首位，在全国八大主矿区中排名第二位。宜昌市磷化工产业集群被纳入全省重点成长型产业集群，磷化工产业营业收入占全国12.40%、全省32.80%，建有宜都化工园、枝江姚家港化工园，培育了兴发集团、湖北宜化、湖北三宁等一批龙头企业，磷化工产业是宜昌市的主导产业。为了更好地统筹和整合资源，立足供应链，重塑产业链，提升价值链，推动磷化工产业高质量发展，宜昌市加快完善磷化工产业供应链体系，把供应链体系建设作为推进磷化工产业做大做强的重要抓手。

围绕构建绿色高效的供应链体系，宜昌市强化"四网"建设，推动磷化工产业转型升级。"地网"方面，充分发挥宜昌港口型国家物流枢纽的优势，强化多种运输方式相结合，大力推动"公转铁""公转水"，积极推广"铁水联运"模式，促进磷矿实现绿色低碳、经济高效的运输。"天网"方面，加快建设宜昌市磷化工产业供应链平台，构建集大宗产品交易中心、即时信息中心、仓储物流中心、金融服务中心、检验检测中心、技术研发中心为一体的世界级磷化工产业供应链生态体系，平台目前已与50家新能源上下游企业建立合作关系，累计完成营业收入超50亿元。"金网"方面，宜昌市充分发挥金融"贷"动作用，鼓励金融机构加大对磷化工产业的支持力度。其中，中国银行、中国建设银行等金融机构相继推出金融产品，助力磷化工产业绿色转型。"商网"方面，建好"中国服务外包示范城市"，着力建设猇亭区国家外贸转型升级基地（精细化工）、伍家岗区国家外贸转型升级基地（酵母），持续服务贸易市场。

依托供应链体系建设，宜昌市磷化工产业发展能级持续提升。2022年，全市磷化工产业产值达711亿元，较2016年增长97.50%，并协同荆门市、荆州市等周边地区打造世界级磷化工产业集群。化工产业开始向着精细、高端、绿色的方向转型升级，2022年，宜昌市绿色化工产业链完成工业总产值1502.50亿元，同比增长29.10%，全市精细化工产业占化工产业比重由2016年的18.60%提升至2022年的超过40.00%。同时，湖北省磷化工产业供应链综合服务平台发展质效日益显著，已经与50家新能源上下游企业建立合作关系，累计完成营业收入超50亿元，为宜昌市打造世界级磷系新材料产业集群提供坚实的支撑。

7.3 黄冈市搭建供应链体系助力特色农产品迈向价值链中高端

黄冈市作为湖北省农业大市，在特色农产品方面，拥有药材品种近300种、绿色食品189种、有机农产品24种、地理标志保护产品47种，蕲艾品牌价值突破百亿元，但大部分农产品停留在原料销售或初加工阶段。为突破发展瓶颈，促进特色农产品向价值链中高端跃升，推动黄冈市由"农业大市"向"农业强市"转变，黄冈市在供应链体系建设上积极探索，组建特色农产品供应链专班，加快建设特色农产品供应链体系。

依托供应链体系建设，以罗田县大别山黑山羊为代表的特色农产品产业实现转型升级。湖北名羊农业科技发展有限公司（以下简称名羊公司）作为大别山地区黑山羊产业的龙头企业，强化供应链"四网"建设，"地网"方面，完善全程冷链运输体系，保证羊肉产品高度锁鲜、高效运输；"天网"方面，依托数字技术与特色农产品供应链平台，实现集黑山羊科研、育种、养殖、屠宰精加工及产品销售于一体的全产业链智慧化生产与全程质量溯源；"金网"方面，借助罗田农投科技发展公司入股"输血"，通过"国企＋民企"混改方式，共同成立湖北锦秀智慧农业股份有限公司，建成10万只规模的黑山羊育肥产业园和年加工肉羊30万只的智能化生产线，有效扩大生产规模；"商网"方面，积极拓展销售渠道，联合电商平台打通餐饮、电商、新零售等多种渠道，销售区域覆盖全国20个主要城市。依托日益完善的供应链体系，名羊公司做强精深加工，做宽销售渠道，做优物流配送，重塑产业链，提升价值链。2023年，名羊公司产品综合产值突破5亿元，同比增长近300.00%。

围绕做大做强全市特色农产品产业，黄冈市搭建了全市特色农产品供应链平台，并按照"市县一体、一县一园、一品一链、多县一链"原则，系统解决"三品一标"、销售渠道和物流配送等问题，取得了积极成效。其中，依托蕲艾供应链平台的构建，推动了蕲艾全产业链融合发展，蕲艾品牌价值达110.05亿元；依托蛋鸡供应链平台，浠水蛋鸡产值突破90亿元；全市品牌价值达10亿元以上的地理标志产品有6个，带动全市规模以上农产品加工产值于2023年达到636.80亿元，同比增长15.12%。

7.4 仙桃市以供应链体系建设推动纺织服装产业突破性发展

纺织服装产业作为仙桃市的传统支柱产业、富民主导产业，面临中低端产能过剩、高端产能不足、产品附加值不高等突出性短板。近年来，仙桃市抢抓沿海服装产业规模化转移机遇，通过搭建完善的供应链体系，促进全产业链发展质效的跃升，纺织服装产业已成为仙桃市的支柱型主导产业。

围绕打造产值过千亿元的纺织服装产业集群，仙桃市加快完善供应链体系，出台《仙桃市支持纺织服装产业发展的若干意见》（仙政规〔2022〕19号），推动纺织服装全产业链发展的同时，促进产业迈向价值链中高端。一是着力畅通"地网"，结合纺织服装产业原材料及产成品流通特点，仙桃市每年列支50万元，采取政策奖补方式开通仙桃市至广州市等地物流直达专线，每天点对点发班，实现原辅料8小时直达仙桃市和成衣8小时直达广州市。二是积极探索"天网"，对纺织服装企业实施数字化、智能化改造项目，按投资额的10.00%给予补助；同时支持建立供应链信息平台，给予平台建设全额补贴，日常运营费用补贴50%。三是持续完善"金网"，强化财政支持，对中小型服装企业租赁厂房的，分年度给予租金补贴，每年为企业节约成本超1200万元；统筹设立2亿元扶持纺织服装产业发展基金和2000万元财政担保资金，对有金融需求的企业分层分类给予支持和补助。四是巩固拓展"商网"，积极利用互联网开展线上营销，巩固国内销售市场的同时，不断拓展外贸销售渠道，引进广州卓天商务等外贸企业，建设服装外贸产业园，大力发展"外贸公司＋生产基地＋加工企业"模式。

仙桃市通过搭建供应链，重塑产业链，实现"上下楼"就是"上下游"，产业园就是产业链，纺织服装产业逐渐发展壮大，目前已形成以毛嘴镇为核心、辐射带动周边6个乡镇的仙西服装产业集聚区，汇聚纺织服装企业超过480家，形成了集纺纱、织布、服装设计、研发、生产加工、印花、绣花、辅料等多品类于一体的完整产业链条，吸纳10万人就业，2022年实现产值493亿元，较2021年增长328.70%。后续，仙桃市还将借力华纺链的优势，进一步推进供应链体系建设，更加高效地链接各类生产要素，建设江汉平原纺织服装国家先进制造业集群。

7.5 潜江市升级供应链体系延伸小龙虾产业链价值链

潜江市是中国小龙虾之乡，也是全国"虾稻共作"的发源地，产量近20年均位列全国前三位。然而，由于运输方式、销售渠道等限制，小龙虾运输成本高，损耗大，销售范围有限。为助力"潜江小龙虾走出去、全国虾商走进来"，潜江市以供应链体系建设延伸小龙虾产业链，提升价值链，将小龙虾产业做成大产业。

潜江市围绕小龙虾产业链升级供应链体系，整合产业资源，提升价值链，增强产业竞争力。"地网"方面，潜江市积极推进中国小龙虾交易中心扩规扩容，建成标准化龙虾物流配送中心、10万吨冷链仓储中心，开通130余条小龙虾冷链专线，6～16小时可送达全国500多个大中城市，小龙虾存活率从70.00%提升至95.00%以上，成为全国交易量最大、辐射力最广、影响力最强的鲜活小龙虾交易中心。"天网"方面，潜江市的中国小龙虾交易中心通过线上升级"虾谷快运"和"虾谷360"两大平台，整合湖北省各类物流资源，进一步提高交易中心物流配送效率。潜江市虾稻产业大数据中心启动，小龙虾全产业链的追溯和监管系统可监控1000多个信息采集点的水体环境指标，能够对异常情况及时预警。"金网"方面，湖北银保监局潜江监管组开发多样化的金融产品，探索特色化的服务模式，全面提升家庭农场、农民专业合作社等新型农业经营主体和上下游农户的融资需求满足率，有效解决虾商流动资金不足的问题。"商网"方面，潜江市汇聚产业优势资源，形成产业生态，一方面，不断聚集货源，虾源自发向潜江聚集，除江汉平原外，安徽省、湖南省、江西省、江苏省、四川省等地的养殖户和商户也将小龙虾送到潜江市进行交易；另一方面，持续拓展销售地区，潜江市与全国82个地区和企业签订战略合作协议，与近40个县市、100多家市场主体开展品牌运营合作，同时拓展海外市场，小龙虾产品远销欧洲、美国、日本、韩国等30多个国家和地区，占据欧洲市场的60.00%。

近年来，潜江市不断畅通供应链、延长产业链、提升价值链，加快实现由卖资源向卖产品、卖品牌、卖文化转变，全力打造千亿虾稻特色产业集群。2022年，全市完成加工原料虾35万吨，加工产值达210亿元，产业综合产值突破660亿元，同时坐拥整肢虾、虾仁、甲壳素及衍生品等系列产品60多种和全国唯一的淡水甲壳素精深加工基地。产业价值稳中有进，2022—2023年度，"潜江龙虾"区域公用品牌价值为350.80亿元，品牌价值同比增长21.40%，连续五年荣登行业榜首。

7.6 小结

湖北省坚持"立足供应链、重塑产业链、提升价值链"理念，有序推进供应链体系建设，聚焦汽车、磷化工、特色农产品、纺织服装等重点产业，加快完善产业供应链体系，提高重点产业的协同发展水平，取得了初步成效。

武汉经济技术开发区以"用"为导向持续推进长江汽车产业供应链平台，引领"武襄十随"汽车产业集群高质量发展。2022年武汉经济技术开发区汽车整车出口额为37.80亿元，同比增长161.80%。宜昌市加快建设磷化工产业供应链平台，推动磷化工产业转型升级，协同荆门市、荆州市等周边地区打造世界级磷化工产业集群，2021年、2022年宜昌市绿色化工产业链工业总产值分别为1163.80亿元、1502.50亿元，分别同比增长15.00%、29.10%。黄冈市加快搭建特色农产品供应链平台，促进特色农产品由价值链低端向价值链中高端跃升，取得了积极成效，2022年黄冈市规模以上农产品加工产值为513.10亿元，同比增长18.10%。仙桃市抢抓沿海服装产业转移机遇，加快完善纺织服装供应链体系，促进纺织全产业链发展质效的提升，2021年、2022年仙桃市纺织服装规模以上企业产值分别为115.50亿元、457.70亿元，分别同比增长65.00%、296.30%。潜江市加快建设小龙虾产业供应链体系，助力"潜江小龙虾走出去，全国虾商走进来"，全力打造千亿元虾稻特色产业集群，2022年潜江市小龙虾年加工产值为210.00亿元，同比增长6.10%。

湖北省全面提升供应链现代化水平，聚焦数字化"天网"、物流"地网"、供应链"金网"、贸易"商网"的"四网"建设，在重点产业和特色产业领域已形成相对高效的供应链体系，助推湖北省集中精力打好产业转型攻坚战，助力构建现代化产业体系。

8 主要结论

8.1 供应链发展水平与经济发展水平和产业结构优化强相关

"一主两翼"供应链高质量发展格局初步形成。通过对2020—2022年全省各市（州）的供应链发展水平评估发现，武汉市、宜昌市、襄阳市的供应链发展水平稳居前三名。武汉市作为国家中心城市之一，对区域供应链发展的带动作用明显；襄阳市、宜昌市作为省域副中心城市，在全省供应链发展格局中的"双支柱"地位基本形成；供应链发展水平排名前十位的城市均匀分布在三大都市圈，全省"一主两翼"供应链高质量发展格局初步形成。

供应链发展水平与经济发展水平高度一致。在全省市（州）层面，供应链发展水平对推动区域经济发展的作用体现得更为直接。通过对各市（州）供应链发展水平与地区生产总值的相关性分析发现，地区供应链发展水平与经济发展水平高度一致。

供应链发展水平与产业结构强相关。加快推进供应链体系建设，是建设现代化产业体系的重要抓手，是湖北省深度融入国内大循环和国内国际双循环、加快建设全国构建新发展格局先行区的重要切入点。通过对各市（州）供应链发展水平与三大产业结构的相关性分析发现，供应链发展水平与第二产业、第三产业增加值强相关。

8.2 "立足供应链、重塑产业链、提升价值链"的湖北实践成效初显

立足供应链，积极探索平台建设。通过对各市（州）供应链发展情况分析发现，相关市（州）积极贯彻落实湖北省关于供应链体系建设的决策部署，抢抓机遇，先行先试，结合地区优势产业加快构建供应链体系，聚焦重点产业，探索搭建供应链平台，如武汉市汽车供应链平台、宜昌市磷化工供应链平台、黄冈市特色农产品供应链平台、仙桃市纺织供应链平台等。建设布局清晰、各具特色、互补互促的专业市场体系，助推湖北省供应链体系建设和发展。

重塑产业链，助推产业转型升级。全省以供应链体系建设为抓手，积极重塑产业链。例如，武汉经济技术开发区"重塑"汽车产业供应链新生态，长江汽车产业供应链数字化平台上线，融入集采、金融、信息、物流等服务功能，对资源快速整合利用；通过设立海外仓，布局海外经销、售后网络等方式，助力更多"湖北制造"汽车走出去。仙桃市以供应链体系建设推动纺织服装产业突破性发展，已形成以毛嘴镇为核心、辐射带动周边 6 个乡镇的仙西服装产业集聚区，汇聚纺织服装企业 480 多家，形成了集纺纱、织布、服装设计、研发、生产加工、印花、绣花、辅料等多品类于一体的完整产业链条，更加高效衔接各类生产要素，助推仙桃市纺织服装产业高质量发展。

提升价值链，增强价值创造能力。加快构建全省现代供应链体系，帮助企业降本增效，加速打通产业发展堵点、难点，锻造发展新长板，助推全省集中精力打好产业转型攻坚战。围绕大宗商品、汽车、纺织、医药等重点领域，积极探索搭建供应链平台，强化供应链上下游资源要素聚集，形成多个依托供应链促进产业向价值链中高端跃升的"湖北实践"典型案例。宜昌市加快完善磷化工产业供应链体系，磷化工产业发展能级持续提升，2022 年全市磷化工产业产值达 711 亿元，较 2016 年增长 97.50%，并协同荆门市、荆州市等周边地区打造世界级磷化工产业集群。黄冈市加快建设特色农产品供应链体系，依托蕲艾供应链平台的构建，推动了蕲艾全产业链融合发展，蕲艾品牌价值达 110.05 亿元；全市品牌价值为 10 亿元以上的地理标志产品达 6 个，带动实现全市规模以上农产品加工产值 636.80 亿

元，同比增长 15.12%。潜江市围绕小龙虾产业链升级供应链体系，产业价值稳中有进，2022—2023 年，"潜江龙虾"区域公用品牌价值为 350.80 亿元，同比增长 21.40%，连续五年荣登行业榜首。

8.3 供应链成为区域发展"共赢链"

在都市圈层面，强化规划引领，促进协同联动。通过强化规划引领，编制三大都市圈发展规划，在交通基础设施、产业分工布局、公共社会资源等方面协同联动，优化区域资源配置，促进都市圈区域内"四网"均衡发展，进而带动社会整体经济实现高质量发展，三大都市圈地区生产总值相继破万亿元，实现都市圈区域内共赢。

在省级层面，加速平台建设，实现全省共赢。围绕大宗商品、汽车、纺织等全省重点领域，推进信息化建设，加速省级供应链平台在全省的业务布局，有效链接重点产业上下游企业，"由点及面"重塑产业链生态，提升产业整体价值链，推动供需匹配，畅通经济循环，培育发展新动能，实现全省区域内共赢。

在国家层面，构建强大体系，融入全国生态。通过构建强大的供应链体系，有效发挥湖北省"九省通衢"的作用，加速生产要素的流通。例如，武汉市形成"江海直达、水水中转、铁水联运、沿江捎带、港城一体"的水运体系，开发了多条品牌航线，成为中西部地区最佳"出海口"。对国家经济建设特别是中西部地区高质量发展起到了重要作用，实现全国范围区域内共赢。

9 对策建议

9.1 筑牢"地网"基础，夯实供应链发展根基

"地网"是供应链体系的基础与纽带。加快构建"通道+枢纽+网络"的现代物流运行体系，夯实供应链发展基底，对于支撑产业要素高效流动，引导产业集群发展和创造产业链增值新空间具有重要意义。2022年，湖北省"地网"排名前3位的城市（武汉市、宜昌市、襄阳市）地区生产总值的总额占全省比例达56.00%。为进一步筑牢物流"地网"基础，要充分发挥湖北省交通区位优势，以交通强国建设为抓手，完善"通道+枢纽+网络"的现代物流运行体系，加快建设"铁水公空"现代化高质量综合立体交通网，提升综合运输服务质效。

9.1.1 拓展物流通道

国内物流通道方面，以国家干线物流通道为动脉，建设提升沿长江、"汉十"等连接东西的横向通道，优化完善"京广""二广"等贯通南北的纵向通道。国际物流通道方面，立足更深程度地融入"一带一路"建设，巩固陆路通道优势，以武汉市、襄阳市、宜昌市、十堰市等城市为节点，扩大中欧班列、中老班列开行规模；提升

水运通道能级，以武汉港、宜昌港、荆州港、黄石港等主要港口为依托，大力发展近洋直航、江海联运、海铁联运；拓展航空通道网络，加快推进武汉天河国际机场和鄂州花湖国际机场的航空客货"双枢纽"建设，持续扩大国际航线覆盖率。

9.1.2 完善枢纽功能

统筹考虑国家重大战略实施及湖北省区域发展布局，建设武汉市、襄阳市、宜昌市、十堰市、鄂州市等5个国家级物流枢纽，黄石市、荆州市、荆门市、孝感市、黄冈市等5个省级物流枢纽，咸宁市、仙桃市、潜江市、天门市、恩施州、随州市、神农架林区等7个区域性物流枢纽。国家级物流枢纽发挥龙头作用，辐射至全国乃至全球，服务重点产业发展和生活消费需求；省级物流枢纽紧扣主导产业和城市间的合作发展，强化与国家级物流枢纽的分工协作和有效衔接；区域性物流枢纽围绕服务本地生产服务、生活消费需求，强化与国家级和省级物流枢纽的联动。

9.1.3 织密物流网络

铁路方面，持续推进沿江高铁等高速铁路建设，释放普速铁路运能，加强与主要城市群铁路货运网络链接；打通铁路"最后一公里"。公路方面，发挥武汉市、宜昌市、襄阳市、荆州市等区域性公路交通枢纽优势，拓展公路干线运输规模，强化与城乡配送体系衔接，促进干支高效衔接。水运方面，加快建设武汉长江中游航运中心，构建"江海联运、水铁联运、水水直达、沿江捎带"的水运体系。航空方面，以航空客货"双枢纽"为核心，持续拓展国际国内航空货运网络，强化与宜昌市、襄阳市、恩施州等支线机场协同联动。

9.2 提升"天网"能级，促进供应链资源聚集

"天网"是供应链体系的联络员与助推器。随着新一轮科技革命和产业变革的深入推进，以大数据、物联网、人工智能为代表的数字技术快速发展，数字经济与现代化产业体系加速融合，持续完善数字化"天网"，强化"天网"对供应链物流、资金链、商流等资源要素的整合、分析与调控能力，提升供应链的稳定性和竞争力，助推产业高质量发展。根据《湖北省数字经济发展报告（2022年）》，经初步测算，2019—2022年全省数字经济核心产业增加值由2815.36亿元增长到4711.01亿元，

年均增速达 67.30%，远高于同期地区生产总值的增速。为进一步提升"天网"能级，要以推动数字化改革为抓手，加快推动数字产业化、产业数字化，以数字化"天网"赋能供应链体系建设，带动优势产业突破性发展和传统产业转型升级。

9.2.1　夯实数字基础

以交通物流枢纽、产业聚集区等为重点，加强全省 5G 基站建设布局，在实现各市（州）主城区 5G 网络全覆盖的基础上，加快推进 5G 网络向县城、乡镇和重点行政村延伸覆盖；提前谋划布局 5.5G；丰富 5G 应用场景，加快推动"5G+ 智慧交通""5G+ 智慧物流""5G+ 智慧工厂"等应用场景落地；发挥湖北省在光通信领域的技术和产品优势，面向智能制造等业务应用需求建设大规模光通信系统；抢占卫星互联网发展高地，加大在交通、物流领域的应用；强化先进物联网感知设备应用，在交通枢纽、物流园区、工业园区等布设智能感知终端；支持武汉市、宜昌市、襄阳市、恩施州等市（州）建设大数据中心，推动大数据中心协同发展。

9.2.2　搭建数字平台

强化互联网思维，做大做强省内大宗商品、汽车、纺织等重点产业供应链平台，强化平台在全省的业务布局，增强平台的公共性、普惠性、开放性、共享性，让各类要素资源在平台更好集聚，让各类企业平等享受平台资源和服务，重点支持供应链企业做大做强，围绕光电子信息、农产品供销等重点产业和领域新组建一批供应链平台；围绕物流、供应链金融等重点行业搭建专业化数字平台，促进现代服务业与先进制造业相辅相成、数字经济与实体经济深度融合；强化平台间数据开放共享，提升数据资源全链条供给能力，加快完善湖北省和省内各市（州）数据共享交换平台，推动信用、交通等公共领域数据有序开放，赋能数字经济发展。

9.2.3　强化区域协同

遵循数字经济发展规律，突破原有产业区域布局的发展模式，形成以数据要素为主导的"一极两带"供应链"天网"协同发展布局。其中，将武汉市打造成为全省数字化"天网"牵引极，重点发挥武汉市区位交通、产业、科教等优势，吸引数据、资本和人才汇集，打造辐射全省乃至中部地区的数字化"天网"，带动省内其他地区创新发展。充分利用"武汉—孝感—随州—襄阳—十堰"沿汉江汽车产业走廊的特色优势，构建数字化"天网"，打造以汽车、装备制造为主要产业依托的产业数字化经济带。发挥长江黄金水道优势，构筑沿长江数字经济发展带，建设全省供应链物流信息平台，推动全域各式物资流和数据流的融合发展；搭建"宜昌—荆州—荆门"特色工业数字化"天网"；推动恩施州、荆州市等地文化和旅游数字经济发展。

9.3 强化"金网"支撑，激发供应链发展活力

"金网"是供应链体系的润滑油与催化剂。供应链金融依据供应链整体运作情况，立足真实交易，通过运用丰富的金融产品以实现交易过程中的融资目的，是一种科学、个性化以及针对性强的金融服务过程。对于供应链系统内企业，尤其是成长型中小企业，资金流得到优化的同时，有效提升了经营管理能力，进而增强供应链整体发展活力。经初步统计，2022年全省供应链金融企业数量为141家，企业资产规模达176.69亿元，供应链金融已经成为推动金融服务实体经济的重要力量。加快构建供应链"金网"，要以全面提升供应链金融服务为目标，强化数字化赋能，帮助供应链上下游企业获得更全面、高效的融资，从而畅通供应链，促进资源要素的高效配置，激发供应链发展活力。

9.3.1 完善服务体系

引导全省金融服务合理布局，吸引国际性、全国性金融机构在武汉市设立区域总部，鼓励金融机构在襄阳市、宜昌市等市（州）设立省内区域总部，支持都市圈内城市金融服务平台互联互通与优势互补；推动金融机构与产业链供应链企业深化合作，整合物流、资金流、信息流等，综合运用信贷、债券等工具，构建数字化、场景化、生态化、系统性的供应链综合金融服务模式；深化中小企业融资信用平台、应收账款融资服务平台的推广应用，发展应收账款质押、仓单质押等供应链融资业务；高效开展外贸应收账款融资、保单融资、出口退税质押融资以及保理等形式的融资，为外贸进出口提供融资便利。

9.3.2 强化金融支持

加强对核心企业的金融支持，鼓励产业链重点核心企业规范签发供应链票据，

引导金融机构依托供应链核心企业开发个性化、特色化供应链金融产品和服务。加强对供应链上下游企业的金融支持，引导核心企业及金融机构加强与应收账款融资服务平台的对接，做好对产业链上下游企业应收账款的在线确权，帮助产业链上其他企业实现动产质押融资；支持核心企业发行债券融资，支付上下游企业账款。

9.3.3 提升金融安全

完善金融监管体系，提高金融监管透明度和法治化水平，推进金融治理能力现代化；健全供应链金融担保、抵押、质押机制，防止重复质押和空单质押；发挥保险风险保障职能，鼓励保险机构嵌入供应链环节，增加营业中断险、仓单财产保险等供应链保险产品供给，提供抵押质押、纯信用等多种形式的保证保险业务，扩大承保覆盖面，降低供应链金融风险。

9.4 做强"商网"体系，营造供应链良好环境

"商网"是供应链体系的前提与根本。构建优质高效、结构优化、竞争力强的"商网"体系，是搭建供应链、重塑产业链、提升价值链的基础，对于加快推进全国统一大市场建设与双循环新发展格局构建具有重要意义。2022年，湖北省社会消费品零售总额为22164.80亿元，比上年增长2.80%，消费品市场保持良好恢复能力；外贸方面，自2020年起，湖北省年度进出口总额连续突破4000亿元、5000亿元、6000亿元大关，同比增长14.90%，外贸潜力不断增长。为进一步做强"商网"体系，要顺应产业转型升级趋势与构建新发展格局等战略发展要求，扩大商贸服务供给，提高服务效率和服务质量，增强"商网"对供应链体系的驱动能力。

9.4.1 建设强大国内市场

把扩大内需作为发展的战略基点，促进消费扩容升级，更好发挥消费对经济增长的基础性作用；紧扣三大都市圈发展布局，优化全省"商网"布局，重点推进武汉市国际消费中心城市建设、襄阳市汉江流域消费中心城市建设、宜昌市长江中上游区域性中心城市建设；推动城市消费提质升级，实行大规模设备更新和消费品以旧换新，以提振汽车、家电家具等大宗消费，稳住基本盘；释放农村市场消费潜力，推进县乡电子商务进农村和农村生活消费服务中心"两个全覆盖"工程。

9.4.2 构建内陆开放高地

发挥中国（湖北）自由贸易试验区的开放引领作用，以制度创新为核心，以产业发展为主导，以平台建设为支撑，推动改革创新；推进外贸创新发展，实施外贸主体培育行动，做大做强加工贸易，做实做优自由贸易试验区、综合保税区、国家级经济技术开发区、跨境电子商务综合试验区、外贸转型升级基地等开放平台，以高能级平台促进高水平开放；深入推进武汉市全面深化服务贸易创新发展试点；提高县域开放度，建设一批区域特色鲜明、公共服务体系完善、示范带动效应较强的县域外贸产业聚集地；提升口岸功能，加快电子口岸一体化建设，推进口岸提效降费。

9.4.3 强化国内国际双循环

积极促进内需和外需、进口和出口协调发展；充分发挥外贸外资在国内国际双循环中的重要作用，强化政策引导，加强政策协同，完善长效机制；推动进出口协同发展，优化货物贸易结构，提升出口质量，增加优质产品进口，创新发展服务贸易；培育内外贸一体化平台，拓宽出口转内销渠道；鼓励内外贸资源整合，支持发展同线同标同质产品，推动适用范围扩大至一般消费品、工业品领域。通过强化国内国际双循环，促进产业链供应链畅通运转，推动产业链供应链多元化发展，助力提升产业链供应链现代化水平。

9.5 加强协同联动，保障产业链供应链安全稳定

产业链供应链安全稳定是助力产业高质量发展、保障实体经济稳定运行、构建新发展格局的重要内容，在世界百年未有之大变局加速演进的背景下，产业链供应链作为一个有机整体，保障产业链供应链安全稳定已成为迫切需要。湖北省作为全国为数不多的拥有全部 41 个行业大类、207 个行业中类的省份之一，坚持全省一盘棋，强化全省供应链协同联动，既是保障产业链供应链安全稳定的发展之需，更是构建现代化产业体系的创新之举。供应链协同联动，应发挥顶层设计的引领和指导作用，全面推进以区域综合治理为基础的"四化"同步发展，结合区位交通优势、区域产业布局等，优化全省供应链发展布局与分工协作，探索跨区域政策和规划衔接，促进区域产业合理分布和上下游高效联动。

9.5.1 发挥武汉市的引领作用

武汉市作为全省供应链发展龙头，进一步提升"四网"发展能级，强化对全省各市（州）供应链发展的辐射带动作用。"地网"方面，要切实发挥中欧班列（武汉）、武汉长江中游航运中心、航空客货"双枢纽"等国际性综合交通枢纽优势，优化运输组织，强化集聚效应，打造全省乃至中部地区"地网"发展主引擎；"天网"方面，要紧扣提升产业链供应链发展能级，发挥武汉市科技、人才等方面的绝对优势，围绕重点产业搭建供应链平台，并结合产业分布强化平台在全省的业务布局与分工协作；"金网"方面，要发挥武汉市的政策、产业等优势，依托核心企业，围绕供应链上下游创新金融产品、优化服务供给，强化对全省供应链金融的辐射带动力；"商网"方面，要发挥武汉市物流通道、通关环境等方面的优势，畅通商贸渠道，提高服务效率和服务质量。

9.5.2 强化都市圈内部协作

都市圈是区域经济发展的重要载体，优化都市圈内供应链协同布局，实现资源配置效率的最大化，是提升地区整体竞争优势的重要路径。武汉都市圈要立足打造引领湖北、支撑中部、辐射全国、融入世界的重要增长极的目标定位，以"武鄂黄黄"为核心，强化供应链优质要素聚集，打造国际综合交通和物流枢纽、专业性金融中心、国际商贸中心等，辐射带动孝感市、咸宁市、仙桃市、天门市、潜江市等一体化发展；襄阳都市圈要立足打造引领汉江流域、辐射南襄盆地的核心增长极的目标定位，以襄阳市为核心，建设全国性综合交通与物流枢纽、国家级农产品交易中心、汉江流域综合服务中心等，辐射带动十堰市、随州市、神农架林区等地发展；宜荆荆都市区要立足打造长江中上游重要增长极的目标定位，强化宜昌市、荆州市的"地网"辐射带动作用，探索区域性金融、商贸等方面合作，推进供应链协同发展，辐射带动恩施州等鄂西地区发展。

9.5.3 加强各市（州）深度融合

供应链"四网"作为一个有机整体，各市（州）需通过整合各自优势资源，强化"四网"深度融合，实现供应链体系的全面提升。强化"天网"引领融合，强化互联网思维，围绕核心产业搭建供应链平台，整合供应链上下游资源，引导"地网""金网""商网"精准对接,提高供应链发展能级。强化"地网""天网"紧密融合,充分利用现代化信息技术,提升"地网"信息化水平,实现物流过程全程可追溯,促进实现优化物流路径、减少运输时间、降低成本,提高"地网"整体效率。强化"金网""天网"协同配合,通过供应链金融服务平台,实现资金流与信息流的深度融合,更好地实现融资、支付、风险管理等金融服务,支持供应链的稳健发展。强化"商网""天网"互联互通,在市场经济全球化背景下,通过"天网"的引导和支持,"商网"可提供更加精准、高效、广覆盖的服务,满足市场跨区域、多元化、个性化需求,提升区域供应链竞争力。

10

附录

10.1 湖北省供应链相关政策简介

表10-1 湖北省供应链相关政策汇总表

发布单位	政策名称	发布时间	政策摘要
武汉市人民政府	《武汉市推进物流降本增效三年行动计划（2020—2022年）》	2020年11月	（一）着力完善物流基础设施网络：①优先发展"双枢纽"航空货运网；②突破发展"两廊"支撑多式联运网；③巩固发展"双轮驱动"水路航运网；④提升发展"一环八向"铁路货运网；⑤改善发展"6环24射"道路货运网；⑥完善发展"三级节点"城市配送网。（二）不断提升物流企业规模化、集约化水平：①培育引进物流"头部企业"；②提高现代供应链发展水平；③大力发展特色物流；④加快发展智慧物流；⑤健全应急物流体系。（三）建立健全物流业政策支持体系：①优化物流空间布局；②保障物流项目用地需求；③优化城市配送车辆通行停靠管理；④增强口岸功能和服务水平；加大财政资金投入力度；切实降低物流税费成本

续表

发布单位	政策名称	发布时间	政策摘要
湖北省人民政府办公厅	《湖北省制造业产业链链长制实施方案（2021—2023年）》	2021年4月	推进产业基础再造，提升自主创新能力；加快企业技改赋能，激发内生发展动力；促进集聚集约发展，优化产业空间布局；强化领军企业培育，提升本地配套能力；增强要素保障能力，持续优化营商环境
湖北省经济和信息化厅	《湖北省装备制造业"十四五"发展规划》	2021年12月	优化本地产业配套体系。围绕重点产业链和龙头企业，大力推动区域内配套能力提升、区域外配套回流、产业链配套完善。探索建立全省装备制造业供应链服务平台，提高采供链条各环节的效率，通过信用保障等措施盘活全省装备制造业配套企业，着力提高本地化配套率。依托"链主"企业、行业联盟、第三方机构等建设一批产业链协同服务平台，推动产业链上下游企业间创新能力、生产能力、服务能力的对接与集成，实现研发、生产、物流、运维等全过程并行组织与协同优化，打造柔性、高效、协同的装备制造产业链
湖北省人民政府办公厅	《长江中游城市群发展"十四五"实施方案 湖北省主要目标和任务分工方案》	2022年4月	构建畅通高效的流通体系。依托干线铁路、高速公路、长江黄金水道和航空网络，完善内外联通、多向拓展的物流通道，率先打造"全球123快货物流圈"（快货国内1天送达、周边国家2天送达、全球主要城市3天送达）。打造国家物流枢纽，布局建设省级物流枢纽，创建国家级示范物流园区，培育一批具有竞争力的现代流通企业，健全县乡村三级物流配送体系，推进农村客运、农村物流、邮政快递融合发展。支持江海联运、铁水联运、水水中转等模式发展，加快集疏运体系建设，推广"一单制"服务，持续降低物流成本，推动供应链协同整合，努力提高流通效率。加快发展冷链物流，推进国家骨干冷链物流基地建设，夯实农产品产地冷链物流基础。支持便利店、农贸市场等商贸流通设施改造升级，加强商贸流通标准化建设和绿色发展。推动大宗商品和电子商务交易平台建设。加快建立储备充足、反应迅速、抗冲击能力强的应急物流体系

续表

发布单位	政策名称	发布时间	政策摘要
湖北省人民政府办公厅	《湖北数字经济强省三年行动计划（2022—2024年）》	2022年8月	推进服务业数字化发展。加快发展数字生产性服务业，鼓励开展工业设计、检验检测、技术研发等服务外包，优化生产服务体系。加快高质量供应链物流体系建设，构建"信息网""库网""干线网""配送网""商品网"，推进鄂州花湖机场和武汉天河机场形成航空客货"双枢纽"格局，全货机航线连通国内外60个以上城市，推广无人车、无人机、无人仓等智能化设施设备在物流领域应用，省级示范物流园区智慧化率达到60%以上，争创国家物流枢纽经济示范区。加快推动限上商贸企业数字化转型，创建省级电子商务示范基地30家、企业100家。支持直播电商、生鲜电商等新业态新模式规范发展。鼓励各市州围绕特色产业，依托市场主体建设电商直播基地。争创国家服务贸易创新发展示范区。到2024年底，全省电子商务交易额卖方口径突破1.5万亿元，网上零售额突破4000亿元
湖北省人民政府办公厅	《湖北省突破性发展新能源与智能网联汽车产业三年行动方案（2022—2024年）》	2023年1月	《方案》明确了近三年（2022—2024年）湖北省新能源与智能网联汽车产业发展导向及目标任务，提出要坚持电动化、智能化、网联化发展方向，抢占新能源与智能网联汽车发展高地，突出关键核心技术突破和产业融合创新，增强关键零部件基础配套和备份能力，推动产业链、供应链、创新链、价值链、服务链深度融合，加快汽车产业转型升级，着力建设我国重要的新能源与智能网联汽车创新中心和生产基地，为湖北建设全国构建新发展格局先行区提供产业支撑
湖北省人民政府办公厅	《以控制成本为核心优化营商环境的若干措施》	2023年3月	（十六）大力推进多式联运。积极争创国家多式联运示范工程，组织开展省级多式联运示范工程建设。持续推进多式联运标准化器具循环利用标准实施，加大供应链物流标准化建设力度。推动公路大宗货物运输向水路、铁路转移，加快构建以水路、铁路为主体的大容量、集约化绿色低碳经济的货运网络体系。（二十八）大力推广金融链长制。鼓励各地聚焦自身重点产业链进行"整链授信"，发展供应链金融，按照"金融链长制+主办行"模式，强化银企对接，推动银行机构差异化做好建档、评级、授信等工作

续表

发布单位	政策名称	发布时间	政策摘要
湖北省人民政府	《关于进一步深化制造业重点产业链链长制实施方案》	2023年4月	（一）"链长"领导协调机制。扎实推进省领导包保服务产业制度，聚焦8个新兴特色产业，建立一个产业、一位省领导、一个牵头部门、一支专家团队、一个行动方案、一套支持政策、一个工作专班的"七个一"工作模式，协力推进产业链发展。（二）"链主"导航引领机制。每条重点产业链筛选2～5家产业生态主导作用强的领航企业担任"链主"企业，由行业协会、产业联盟负责"链主"企业日常组织工作。（三）"链创"协同攻关机制。以省内外重点实验室、产业创新联盟、高校院所、创新中心等研究机构为依托，分产业链组建专家委员会，负责"链创"团队的组织协调工作
湖北省人民政府办公厅	《关于更好服务市场主体推动经济稳健发展接续政策》	2023年4月	（十四）巩固提升外贸供应链水平。保障产业链供应链循环畅通，对全省重要供应链企业当年实际发生的押汇费用给予不超过50%、最高600万元补贴。积极发展外贸新业态新模式，对经认定的国家级市场采购贸易试点项目，按当年实际运营成本给予不超过50%、最高600万元补贴。（二十六）加大金融支持力度。进一步优化信贷结构，支持实体经济发展，2023年全省普惠小微贷款新增1500亿元以上，制造业中长期贷款增速高于全省贷款平均水平。统筹安排不低于100亿元再贷款、再贴现专项额度，为金融机构供应链融资业务提供资金支持
武汉市人民政府	《武汉市现代物流业发展"十四五"规划》	2022年4月	通道布局：立足构建内陆开放新高地，抢抓建设国际性综合交通枢纽城市契机，着力构建中部陆海大通道和航空国际大通道，加快形成低成本、高效率、多元化的物流通道体系，为打造国内国际双循环战略链接提供支撑。空间布局：充分发挥武汉在国家新发展格局中的战略节点作用，强化区域集散流通能力，结合全市产业布局和空间发展特征，规划形成"四港四轴三集群"的物流空间布局体系。扎实建设港口型国家物流枢纽。加速打造陆港型国家物流枢纽。协同共建空港型国家物流枢纽。培育发展生产服务型国家物流枢纽。积极发展商贸服务型国家物流枢纽。构建智慧绿色物流体系。建设多方协同应急物流体系。建强多层次物流市场主体体系

续表

发布单位	政策名称	发布时间	政策摘要
湖北省人民政府办公厅	《关于进一步降低企业成本的若干措施》	2023年6月	（十一）创新金融产品。鼓励实施整链授信，引导金融机构开展应收账款、订单仓单等质押贷款业务，加大对重点产业链核心企业和链属中小微企业的供应链金融服务。出台知识产权质押融资实施办法，积极探索开展排污权等环境权益抵押融资业务，支持企业绿色转型发展。（十六）高水平引育物流市场主体。对新引进中国物流企业50强的企业总部、区域总部、区域分拨中心，当年实际投资额超过10亿元且营收超过10亿元的，分别给予企业注册所在地政府一次性奖励。对当年被评为国家物流示范园区的，对项目注册所在地政府给予一次性奖励。积极支持省属国企创建国家5A级物流企业，进一步做大做强我省供应链物流领军企业。对当年被新认定为国家5A级的省内物流企业，给予企业一次性奖励。（十七）加快供应链平台建设。培育支持长江汽车、湖北华纺链、湖北国控、湖北楚象等供应链龙头企业，打造供应链数字化综合服务平台，推动原材料、设计、生产、交易、物流等各环节供需对接，缓解原材料成本上涨压力
武汉市人民政府	《武汉市加快推进物流业高质量发展的若干政策措施》	2023年6月	加快国家省级示范平台建设，提升物流枢纽服务能级。加强铁水公空能力建设，拓展内畅外联物流通道。推动供应链物流集聚发展，构建一体化产业物流体系。提升城乡冷链物流水平，完善民生物流服务品质。聚焦物流企业引进培育，提升物流主体竞争实力。推动口岸平台开放共享，优化物流业营商环境。加强物流领域人才培养，增强市场主体创新能力。完善用地金融要素保障，强化物流行业基础支撑
湖北省人民政府办公厅	《关于促进外资扩增量稳存量提质量的若干措施》	2023年7月	（二）强化重大外资项目服务保障。用好省招商引资重大项目协调会机制，对经审定的在谈重点外资项目，依法依规给予项目规划、用地、用能、建设等政策支持，强化供应链、物流、人员出入境等方面的服务保障。建设全省利用外资信息服务平台，对重点外资项目实施专班跟踪服务。推动符合条件的外资项目列入国家发展改革委重大外资项目和商务部重点外资项目清单，争取国家层面要素保障。（十二）加快外资企业绿色低碳升级。支持外资企业加快布局"双碳"发展新赛道，强化节能降碳和资源循环利用，建设绿色低碳工厂，打造绿色供应链。支持外资企业参与湖北省绿色低碳园区建设，加大绿色低碳技术研发和推广应用，加强绿色低碳科技创新，推进湖北绿色低碳发展，助力全国碳金融中心建设

续表

发布单位	政策名称	发布时间	政策摘要
湖北省人民政府	《加快"世界光谷"建设行动计划》	2023年9月	以国家存储器基地为重点发展存储器芯片,加速关键设备、基础原材料、核心零部件国产替代进程,逐步建立自主可控的产业链、供应链体系,促进国内半导体制造水平整体提升,加快建设"世界存储之都"。加强与全国创新和产业高地合作:加快推进区域协同创新平台建设,搭建科技创新供应链平台,打造深圳等先进地区创新生态"带土移植"的湖北模式。鼓励龙头企业通过兼并重组、技术并购、资本运作、战略合作等方式,进行产业链横向、纵向资源整合,提升产业创新力和供应链稳定性,增强全球资源配置能力,打造掌握国际话语权的世界一流领军企业
湖北省人民政府办公厅	《湖北省化工产业转型升级实施方案(2023—2025年)》	2023年10月	建设磷化工供应链平台。按照"政府引导、市场运作、龙头引领、区域协同"原则,支持兴发集团牵头搭建湖北省磷化工供应链平台,形成磷产品价格信息中心、磷产品要素交易中心、磷产品检验检测中心、磷产品物流集散中心、磷化工金融服务中心、磷化工科技创新中心,提升磷化工产业链供应链韧性和安全水平,推动湖北省磷化工产业链实现高质量发展
湖北省人民政府办公厅	《湖北省汽车产业转型发展实施方案(2023—2025年)》	2023年11月	实施补链强链行动,完善新能源汽车零部件供应链体系。抢抓全球产业链重构机遇,推动新能源汽车零部件巨头投资湖北,引进和培育一批专精特新"小巨人"企业、单项冠军企业,形成集原创性研究、系统化开发、模块化制造、集成化供货于一体的新能源汽车零部件供应链体系。推动汽车供应链平台建设。支持长江汽车产业供应链、东风汽车等重点企业建设汽车产业链供应链畅通协调平台,引导上下游企业加强供需对接和深度合作,形成战略联盟、签订长单、技术合作等长效机制稳定供给,提升产业链供应链韧性和安全水平
湖北省人民政府办公厅	《湖北省数字化赋能中小企业转型行动方案(2023—2025年)》	2023年12月	推动产业链协同转型和集群发展。深入实施"链长＋链主＋链创"工作机制,深入开展大中小企业"携手行动",发挥产业链龙头企业、关键环节主导企业和产业创新综合体的引领作用,依托工业互联网平台,加快打造产业链上下游企业共同体,推动产业链供应链上下游企业业务协同、资源整合和数据共享,助力中小企业实现"链式"转型。支持产业集群内中小企业以网络化协作弥补单个企业资源和能力不足,整合分散的制造能力,实现技术、产能、订单与员工共享。鼓励各地综合考虑本地产业集聚、行业发展和服务商分布等因素,探索分行业分领域推动中小企业数字化转型

续表

发布单位	政策名称	发布时间	政策摘要
中共湖北省委办公厅、湖北省人民政府办公厅	《关于加快现代供应链体系建设 全力打造新时代九州通衢三年行动计划（2023—2025年）》	2023年12月	牢固树立"立足供应链、重塑产业链、提升价值链"理念，以供应链平台建设为突破口，到2025年基本建成立足中部、辐射全国、链接全球的现代供应链"四中心"，打造具有国际影响力的供应链物流中心、供应链信息中心、供应链金融中心、供应链贸易服务中心，加快形成创新引领、高效协同、自主安全的现代供应链体系，初步建成新时代"九州通衢"

10.2 湖北省供应链典型企业简介

10.2.1 湖北国控供应链集团有限公司

湖北国控供应链集团有限公司（以下简称湖北国控）是厦门国贸集团股份有限公司联手湖北联投集团有限公司、湖北港口集团有限公司、湖北文化旅游集团有限公司以及武汉经开投资有限公司共同投资设立的供应链运营公司，成立于2022年9月，注册资本为10亿元。湖北国控核心主业聚焦供应链管理业务，深耕于能源、冶金、农产、浆纸以及化工等产业领域。2023年，湖北国控实现136亿元营业收入，进出口规模达6.8亿美元。

在能源板块，有关煤炭业务方面，湖北国控主营动力煤、焦煤和焦炭等产品的进出口及转口、内贸业务，主要为国内外各大电力集团、钢厂、纸厂、焦化厂、石化厂等合作伙伴提供现货、物流、金融等产业综合服务，国内业务主要布局东南沿海、长江沿线及山西、内蒙古地区，出口业务辐射至韩国、越南、印度等国。有关石油业务方面，将积极开拓湖北地区油品业务，为产业伙伴提供包含采购、分销、物流、金融、价格管理、市场研发在内的一站式服务。

在冶金板块，湖北国控主营铁矿、冶金煤、冶金焦等产业链上下游原料及各类钢材品种的内贸与进出口业务，与世界各大主流矿山、国内外多家大中型钢厂建立了长期稳定的合作关系。此外，还通过建立自有仓库等方式逐步完善供应链体系，为产业伙伴提供采销、物流、仓储等产业综合服务。

在农产品板块，湖北国控主营各类粮油、饲料原料及肉类冰鲜产品，包含稻谷、玉米、高粱、大麦、豆粕、菜粕、苜蓿草、冷冻牛肉和羊肉等，同时还提供农用物资出口服务。

在浆纸板块，湖北国控主营纸浆及各类纸质产品。在化工板块，公司主营乙二醇、精对苯二甲酸（PTA）、短纤等主流品种。

10.2.2 湖北楚象供应链集团有限公司

湖北楚象供应链集团有限公司（以下简称湖北楚象）是厦门象屿集团有限公司旗下上市公司厦门象屿股份有限公司与湖北交通投资集团有限公司、武汉经开投资有限公司、东风物流集团股份有限公司、湖北能源集团股份有限公司、武汉武铁物流发展有限公司、湖北铁路集团有限公司、湖北机场集团有限公司共同搭建的供应链服务平台，成立于2022年9月，注册资本为10亿元。湖北楚象重点围绕金属矿产、煤炭、化工、农产品、新能源等领域，利用厦门象屿集团在产业链上下游的市场化整合能力及各股东在"铁水公空"领域的资源能力，打造稳定、高质量、全方位的一体化供应链服务平台。2023年，湖北楚象累计发运42万吨、150列集装箱，带动物流营业收入近1亿元，供应链综合收益超1000万元。

在金属矿产板块，湖北楚象从上游铁矿石和下游钢材成品切入，围绕长江水系进行整合推动，目前已有稳定操作的业务，并积极联动湖北省内的鄂城钢铁、金盛兰等钢厂以及华中沿江的主流钢厂，争取相关的合作准入。

在煤炭板块，湖北楚象结合控股股东在进口煤炭、内贸煤炭及西北自有铁路运力保障的优势，深入服务湖北省内电厂、化工厂，顺利完成了湖北省2022年迎峰度冬保供任务。在铁路煤炭方面，与股东湖北能源集团下属电厂联动，已稳定供应鄂州发电有限公司以及襄阳宜城发电有限公司。

在化工板块，湖北楚象结合湖北省资源特点和产业布局，围绕磷化工产业链开展化肥、硫黄、油品等相关产品的供应链业务，已开展硫黄内贸、化肥出口等业务。

在农产品板块，湖北楚象以"北粮进江"作为重要方向，从玉米产业链着手，与湖北省内的饲料和养殖重点企业建立长效合作关系，同时探讨在沿江的仓储、物流节点布局以及粗加工的可行性。

在新能源板块，湖北楚象借助上游镍钴锂资源优势，拓展新能源中下游产业链条，依托湖北省整车厂的集聚优势，在电池、汽车轻量化、光伏等领域进行业务布局。

10.2.3 湖北华纺供应链有限公司

湖北华纺供应链有限公司（以下简称华纺链）是湖北省第三家省级供应链服务平台，致力于构建全国领先的纺织服装数字服务平台，成立于2023年3月，注册资本为2亿元。华纺链以"平台+供应链服务"作为切入点，围绕"原料+面料+成衣"等业务场景，通过大数据、区块链、人工智能等数字技术，主要为纺织服装产业上下游企业提供交易撮合服务与供应链服务，帮助企业有效降低成本、提升效率、实现业务增长。截至2023年5月，华纺链已成功上线纺织服装数字化服务平台2.0版本，推动8992家企业或机构上平台，活跃用户超过1000家。

在交易撮合服务方面，华纺链为纺织服装产业上下游企业提供在线撮合、集中采购等服务，推动纺织服装全产业链资源信息的有效整合，促进产业集群网络化协作，实现信息实时共享。

在供应链服务方面，华纺链打造智能、协同、柔性的供应链服务体系，为企业提供智慧仓储、供应链金融、质检服务等综合服务，实现信息流、物流、资金流、商流的四流合一，从而提高企业效率和运营质量。

10.2.4 长江汽车产业供应链有限公司

长江汽车产业供应链有限公司（以下简称长江汽车供应链）由厦门建发集团有限公司、武汉经开产业投资集团有限公司、十堰产业投资集团有限公司、湖北长江车百产业基金共同出资设立，成立于2023年4月，注册资本为10亿元。长江汽车供应链是一家嵌入汽车产业链的第三方供应链平台，聚焦大宗原材料、整车、零部件、金融等四大领域开展业务，打造贯通汽车产业链上下游的数智化服务型供应链综合平台，培育价值共享、互促共进的新型汽车产业供应链生态体系。截至2023年底，长江汽车供应链订单合同金额超过41亿元。

自落户武汉经济技术开发区以来，长江汽车供应链已与100多家整车、重点零部件、专用车企业深度对接，在大宗商品、整车、汽车零部件等领域进行合作，完成东风风神、东风日产、东风本田等品牌在内的近1000台车辆的集采业务，助推"车谷造"新能源智能汽车加速扬帆出海。

在上游大宗商品（包括钢材、铝材、铜材）、零部件、三电系统集采环节，长江汽车供应链从组建公共中心仓、集中订货排运、供需关系耦合、流动资金配套等服务着手，为参与零部件供应环节的各方提供降本增效方案。在下游整车销售环节，长江汽车供应链将厦门建发集团有限公司现有资源，如海外客户需求等导入公司，帮助整车企业，尤其是新能源车企扩大海外出口份额。此外，长江汽车供应链还协助加快传统整车企业向新能源整车企业转型升级，包含协助对生产线的柔性改造，保障生产新能源汽车所需零配件的供应。

10.2.5　湖北九州医药供应链有限公司

湖北九州医药供应链有限公司（以下简称九州医药供应链）由湖北商贸物流集团有限公司、九州通医药集团股份有限公司、武汉市汉阳投资发展集团有限公司、湖北九州智医股权投资基金合伙企业、武汉人福医药有限公司、宜昌东阳光长江药业股份有限公司共同出资设立，成立于2023年，注册资本为6亿元。九州医药供应链通过线上线下相结合的方式，以供应链综合服务为核心，以促进实体产业发展为目标，以平台为载体，为大健康企业提供从产业咨询到政策服务、从技术合作到企业孵化、从企业引进到产品推广、从仓储物流到交易结算等全方位服务，实现大健康产业链的增链、补链、强链，成为大健康企业发展壮大的首选一站式合作平台。

在供应链服务方面，九州医药供应链以数字化为翼，以开放性为魂，正全力构建一个具有公共性和开放性的第三方医药产业综合服务平台。自平台基础版上线以来，已实现平台交易额3.28亿元，营业收入为3218万元。平台汇集了40多万条商品数据，为685家上下游客户提供了丰富的选择和便捷的服务。同时，九州医药供应链启动了药品外包材的集采模式，采购数量达到46万个，成功实现了企业药品外包材成本约10%的降幅。

九州医药供应链以创新为驱动，深化经营模式的革新；以融合为纽带，整合关键要素资源；以协同为桥梁，加强与上下游客户的紧密合作；以信息为纽带，搭建高效的服务平台；以金融为支撑，提供全面的供应链金融产品与服务；以应急为保障，建立药品储备体系；以蕲艾为特色，打造独具特色的产业体系。九州医药供应链致力于在这些领域取得突破性进展，点亮医药供应链的生态之光，真正实现产业链的深度融合与价值的全面提升，共同绘制医药供应链生态圈的宏伟蓝图。

10.2.6　湖北长江船舶供应链有限责任公司

湖北长江船舶供应链有限责任公司（以下简称长江船舶）由湖北港口集团有限

公司旗下华中港航物流集团有限公司联合武汉市、宜昌市、荆州市、黄冈市等地共同组建，成立于 2023 年 10 月。实施"母公司＋专业化公司＋区域性公司"运作管控模式，母公司为"战略＋财务管控型"总部，主要是定战略、建平台、配资源和优生态；专业化公司主要提供专业化服务，以供应链专业化服务为业务单元，与信息服务、研发设计、制造、配套、运维、能源保障、金融、租赁等国内头部企业组建专业化公司；区域性公司主要是抓节点、抓协调、抓融合，以船舶产业基地为依托，与投资商共同组建，共同引导现有制造企业入驻基地，共同培养船舶制造、修理和拆卸核心企业。

在战略布局方面，长江船舶聚合资本、技术、人才等关键资源，正着手打造一个绿色智能船舶供应链的公共信息服务平台。这一平台将成为产业链上中下游的数字化枢纽，提供包括信息、物流、金融、贸易、科技在内的多元化供应链综合服务，以实现资源的高效配置和供应链的深度整合。长江船舶立志成为全国一流的绿色智能船舶供应链链主企业，以创新驱动发展，以服务引领未来，将在武汉市、黄冈市、荆州市、宜昌市等战略要地布局新能源船舶产业，深入挖掘绿色智能船舶的应用潜力，推动产业的绿色化、智能化发展。

10.2.7 湖北科创供应链有限公司

湖北科创供应链有限公司（以下简称科创供应链），在武汉东湖新技术开发区管委会指导下，由武汉光谷金融控股集团有限公司联合深圳市力合创业投资有限公司、深圳市源创力离岸创新中心，于 2023 年 12 月组建，注册资本为 3000 万元，负责落实武汉东湖新技术开发区关于科创供应链体系建设的各项决策部署，按照"地网筑基、天网链接、双向融合、政策赋能"思路，构建"天网""地网"深度融合在岸离岸密切互动、市场政府协同发力的科创供应链体系。科创供应链致力于打造科技创新资源集聚平台、创新供需高效匹配平台和科技企业培育孵化平台，以做活科创源、做大资源池、做强产业群为目标，务实有力地服务于一批产业创新需求，推动一批高校成果转化落地，孵化一批高成长性科创企业，成为具有国际影响力、服务靶向力的科技创新共创平台，成为激活湖北科创资源的中继器、产业新增量的孵化器，成为湖北省打造全国科技创新高地的助推器。

在需求对接方面，湖北科技创新供应链平台通过建立 1 个服务中心、8 个服务节点和多个服务驿站，形成了一个全面覆盖的"地网"体系，专注于系统化地采集和响应企业创新需求。平台已累计梳理了 12432 项企业需求，成功实现了 2243 项需求的有效对接。平台的影响力不局限于湖北省，更通过构建离岸和在岸"双中心"，实现了与粤港澳大湾区的联动，并进一步融入全球的创新体系。在岸中心，以中国光谷·数字经济产业园为依托，已经顺利对接了 33 个项目，推动了地方经济的科技创新。与此同时，离岸中心则作为连接大湾区创新资源的桥梁，成功对接深圳的 34 家行业协会和研究机构以及 63 家企业，为平台带来了更广阔的合作空间和更多元的创新资源。通过这种内外联动、双向互济的模式，湖北科技创新供应链平台正成为促进科技成果转化、加速产业升级的重要引擎，为区域乃至全球的创新发展贡献湖北力量。

10.2.8 湖北供应链物流公共信息服务股份有限公司

湖北供应链物流公共信息服务股份有限公司由湖北港口集团有限公司作为主体，联合湖北联投集团有限公司、湖北交通投资集团有限公司、湖北机场集团有限公司、湖北宏泰集团有限公司等共同出资组建。湖北供应链物流公共信息平台由湖北港口集团有限公司全资子公司长江新丝路国际投资发展有限公司承建，并负责运营，是围绕湖北省建设全国构建新发展格局先行区，着力构建覆盖公路网、水路网、铁路网、航空网、邮政快递网等"五网"基础数据资源的全省统一的数字化供应链综合服务平台，促进供应链产业、物流、金融等供需匹配和业务协同，逐步带动行业业务流程重塑、组织结构优化、商业模式变革，进一步构建安全稳定和高效率低成本的现代供应链体系。该平台的核心任务是智慧物流服务，即整合省内外物流信息资源，提供高效的一站式全程物流综合服务和便捷的运力供需匹配，培育多式联运服务模式，有效提升物流作业效率与协同能力。

该平台融合"五网"数据，实现了铁路信息资源的对接共享和集成展示；汇集了湖北省内 48 家港口码头及船舶船企信息、报港数据信息；接入全国 12 吨以上货车的基础信息和司机、运踪信息，后续将接入危险品公路货运信息；接驳了全省主要机场航空运输信息及邮政快递运踪业务信息；收集了省内 523 家园区及仓储数据信息，以及邮政快递运踪业务信息。

该平台将为三大群体赋能。其中，物流生产制造类企业、商贸流通类企业、物流运输类企业、金融机构等链主核心企业可一站式获取物流公共信息服务。中小企业可免费获得信息发布功能、供需撮合功能、履约结算功能、金融增信功能、全程可视功能等增值服务。同时，基于物流大数据分析，为政府经济运行监测、产业发展态势分析提供多维度的决策参考。

10.2.9 湖北磷化工供应链综合服务平台

湖北磷化工供应链综合服务平台由全国供应链头部企业厦门国贸集团股份有限公司牵头、湖北省磷化工产业链的链主企业湖北兴发化工集团（以下简称兴发集团）和宜昌市多家磷化工企业参与共同组建，形成集大宗商品、原材料采购到终端产品销售于一体的供应网络，提供全程物流库存管理、供应链金融、供需撮合等服务。作为全国磷化工产业大省和全国最大的精细磷化工生产基地，湖北省正努力打造宜荆荆世界级磷系新材料产业集群。该平台上线后，通过整合上下游资源，最大限度地畅通国内市场和国际贸易，将宜昌市打造成全国乃至全球的磷化工大宗产品交易中心。

湖北磷化工供应链综合服务平台自2023年11月落户宜昌市以来，已经与56家磷化工、新能源上下游企业建立合作关系，发展势头强劲。兴发集团、湖北宜化集团有限责任公司（以下简称宜化集团）、宜昌大生新能源开发有限公司、湖北江宸新能源科技有限公司等10多家磷化工和新能源企业，都已经通过湖北国发供应链有限公司（以下简称湖北国发）有效实现了原料保供、市场拓展和降本增效。宜化集团生产的磷酸二铵，每月通过湖北国发购买原材料、销售成品的营业额超过2亿元。宜昌市已经形成了以湖北国发为供应链链主，兴发集团、宜化集团为产业链链主的"双链主"格局。

10.2.10 湖北小龙虾产业控股集团有限公司

湖北小龙虾产业控股集团（以下简称小龙虾集团）作为湖北农业发展集团有限公司旗下湖北省粮油集团有限公司的控股企业，位于潜江市总口管理区，于2022年3月注册成立，第一批注册资本为2.98亿元，拥有湖北莱克集团、湖北楚玉食品有限公司等多家国家级农业产业化重点龙头企业，是集科研示范、良种选育、苗种繁殖、生态养殖、精深加工、外贸内销、智能装备、冷链物流、科技创新于一体的小龙虾产业融合发展平台。

小龙虾集团以增强小龙虾产业科技创新能力为基础，以推动小龙虾全产业链升级发展为主线，以增加小龙虾产品有效供给和促进农民持续增收为核心，以打造中国小龙虾上市第一股为目标，着力推进湖北省小龙虾产业向集约化、标准化、规模化、精细化、市场化、品牌化方向发展。小龙虾集团将联合省内外有实力的小龙虾企业共建"百亿集团"，推动小龙虾产业与三大产业联动发展，助力乡村振兴和农业产业强省建设落地实施。

10.3 湖北省供应链创新发展大事记（2022—2023年）[*]

2022年1月 麦当劳供应链智慧产业园全面开工

2022年1月14日，麦当劳供应链智慧产业园主体工程在汉孝产业园全面开工。此次开工的主体工程包括冷链物流、仓储项目，以及包装、烘焙生产线，2024年全部建成投产后，将进一步提升麦当劳对中西部餐厅的供应速度和效率。

2022年5月 汉口北集团打造功能强大的综合性商品交易平台

2022年3月25日发布的《中共中央 国务院关于加快建设全国统一大市场的意见》要求，加快建设高效规范、公平竞争、充分开放的全国统一大市场。作为华中地区"双循环"的枢纽级市场，汉口北国际贸易城已成为全国建筑规模最大、交易额排名第二位的现代商贸物流中心，落实文件精神、打造中部强大市场，成为汉口北高质量发展的"新航道"。

2022年，汉口北集团将集中力量在建设武汉国际贸易城、加快建设汉口北直播电商集聚区、推进汉口北商品市场优化升级、办好武汉（汉口北）商品交易会等方面发力，全面深化线上线下结合、内贸外贸结合、批发与体验式消费结合、实体市场与大型展会结合的"四个结合"发展路径，打造功能强大的综合性商品交易平台。

2022年6月 2022中国汽车供应链大会在武汉举行

2022年6月27日—29日，2022中国汽车供应链大会暨首届中国新能源智能

---

[*] 此部分内容主要来源于湖北省人民政府、湖北省发展和改革委员会、湖北省经济和信息化厅等机构的门户网站，以及《湖北日报》《长江日报》等相关权威媒体的报道。

网联汽车生态大会在武汉举行，来自国内汽车行业的领军企业负责人、行业专家学者及政府机构代表齐聚"中国车谷"，探讨如何打造产业链新生态，实现汽车强国建设新跨越。

大会以"融合创新 绿色发展——打造中国汽车产业新生态"为主题，由工业和信息化部、湖北省人民政府、中国机械工业联合会联合指导，中国汽车工业协会和武汉市人民政府共同主办。

会上，56个汽车产业链招商项目现场签约，签约金额达1120.23亿元。武汉经济技术开发区智能网联和电动汽车产业园正式成立。

2022年7月　盒马华中供应链运营中心投产

2022年7月21日，盒马华中供应链运营中心在武汉经济技术开发区挂牌。该中心投资10亿元，建成面积超过10万平方米，是集冷链仓储、加工、央厨、分拨等功能于一体的综合性供应链中心，将辐射到长沙市、南昌市、郑州市等中部城市的盒马门店。

该供应链运营中心的最大特色是刚刚投产的中央厨房工厂。中央厨房的每个车间都安装了阿里云数字化工厂系统，数字化的系统和自动化的设备能实现对产品每道工艺流程的数字化管控。

2022年9月　湖北省供应链物流体系建设领导小组第一次会议召开

2022年9月22日，湖北省供应链物流体系建设领导小组召开第一次会议，听取供应链物流体系建设和省属供应链物流企业组建有关情况，研究部署下一步重点工作。湖北省委副书记、省长、领导小组组长王忠林强调，要深入学习贯彻习近平总书记关于建设现代流通体系的重要指示精神，落实省第十二次党代会部署，加快实施高质量供应链物流体系建设三年行动计划，塑造新时代湖北"九省通衢"的交通物流优势。

会议指出，百业兴旺、物流先行，建设高质量供应链物流体系，是稳定经济运行、维护发展安全的重要举措，是转化竞争优势、建设全国构建新发展格局先行区的重要支撑，是补齐发展短板、打造现代产业体系的重要抓手。要把供应链物流体系建设摆在战略位置抓紧抓实，坚持问题导向、靶向施策，着力打通难点堵点，加快建成内外联通、安全高效、经济便捷、智能绿色、融合联动的现代物流体系。

会议强调，要按照"成体系、降成本、壮龙头、上水平"的总要求，锚定目标、聚力攻坚，着力建设高质量供应链物流体系。要着力畅通运输通道，加快交通领域重大项目谋划建设，推动"铁水公空"互联互通、高效衔接，切实增强交通基础设施支撑能力；着力做强物流枢纽，完善多层次物流枢纽体系，加强大宗商品储运基地布局，推动枢纽、口岸、园区融合发展，切实强化货物流通集疏运功能；着力织密物流网络，大力发展多式联运服务，完善城乡配送网络，建强专业物流配送体系，切实提高物流配送效率；着力做强做优主体，引育龙头企业，壮大本土企业，鼓励模式创新，切实提升物流业整体发展能级；着力推进数字转型，大力推进数字化物流基础设施建设，打造全省供应链物流公共信息服务平台，支持企业物流数字化建设，切实提升物流业现代化水平；着力优化发展环境，强化政策支持、金融赋能、要素保障和助企纾困，切实降低供应链物流成本，支持企业更好发展。

会议要求，要谋定快动、善作善成，领导小组办公室要切实发挥统筹协调作用，加强督查考核，各成员单位要担责尽责、协同发力、落细落实、快干实干，确保供应链物流体系建设各项目标任务落地见效。

2022 年 9 月　湖北国控供应链集团有限公司、湖北楚象供应链集团有限公司在武汉揭牌成立

2022 年 9 月 29 日，湖北国控供应链集团有限公司、湖北楚象供应链集团有限公司在武汉揭牌成立。湖北省委副书记、省长王忠林，分别与厦门国贸控股集团有限公司总经理郭聪明、厦门象屿集团有限公司董事长张水利为企业揭牌。

王忠林指出，组建两家供应链企业，是湖北省深入贯彻习近平总书记关于建设现代流通体系的重要指示精神，落实省第十二次党代会部署，加快实施高质量供应链物流体系建设三年行动计划、打造全国重要物流枢纽的有力举措。希望两家企业聚焦主责主业，积极整合各方资源，持续优化业务布局，全力拓展国际国内市场，不断增强核心竞争力；发挥行业头部企业引领作用，带动更多资源要素在湖北省集聚，为湖北省积极融入全国统一大市场，打造国内大循环的重要节点和国内国际双循环的重要枢纽，塑造新时代"九省通衢"作出积极贡献。

湖北省委常委、常务副省长董卫民强调，两家企业揭牌对湖北省促进供应链物

流行业提档升级，带动进出口贸易创新发展，推动产业集群降本增效具有重大意义。湖北省将持续打造一流营商环境，更大力度优化服务，积极帮助解决企业运营中的实际困难和问题，支持企业不断做大做强。

湖北国控供应链集团有限公司、湖北楚象供应链集团有限公司分别由厦门国贸控股集团有限公司、厦门象屿集团有限公司联合有关省属企业及央企子公司共同发起设立。湖北国控供应链集团有限公司将聚焦内外贸易、跨境电商综合服务、供应链管理等业务，打造具有全球布局能力、全国竞争力的内外贸易综合型链主企业；湖北楚象供应链集团有限公司以供应链管理、供应链数智化、供应链金融等业务为主业，致力于打造集采购分销、全程物流、库存管理、供应链金融、数字服务于一体的供应链综合服务企业。

2022年10月　武汉市入选首批产业链供应链生态体系建设试点城市

2022年10月10日，工业和信息化部官网发布消息，国家首批产业链供应链生态体系建设试点城市名单正式确定，12个城市入选，武汉市位列其中。

工业和信息化部要求，试点城市要通过机制创新、要素集聚、平台搭建、数智赋能和政策支持，推动区域产业链供应链生态体系迭代升级，形成龙头企业、配套企业、高等院校、科研院所、第三方平台、金融机构等协同联动、竞合共生的生态发展格局。通过试点，探索形成"遴选试点—加强指导—资源倾斜—滚动评估—持续优化—推广应用"的工作推进模式，树立一批可复制、可推广的发展标杆，推广典型案例和成功经验，助力制造业高质量发展。

工业和信息化部指出，杭州市、武汉市等12个试点城市产业发展基础较好、集群化特征明显，已经集聚链主企业和大量关键配套企业，具有较强的区域带动能力和行业影响力。工业和信息化部将与相关省市加强协同，在供需对接、技术推广、人才培训等方面加大引导和支持力度，及时总结典型经验做法予以推广。

此次成功入选首批产业链供应链生态体系建设试点城市名单，给武汉市加快提升产业链供应链现代化水平带来新的重大机遇，将为武汉市工业高质量发展注入强大动力。

2023年3月　湖北华纺供应链有限公司在武汉揭牌

2023年3月31日，全省纺织服装行业数字化供应链综合服务平台——湖北华纺供应链有限公司（以下简称华纺链）在武汉市揭牌。

华纺链总部位于武汉市黄陂区，由卓尔智联集团有限公司联合长江产业投资集团有限公司、武汉产业投资控股集团有限公司、武汉木兰投资发展集团有限公司等国资平台和湖北珞珈梧桐创业投资有限公司、嘉纺基金等社会资本共同组建。华纺链将依托湖北省纺织服装产业集群优势，构建纺织服装的专业化、数字化、国际化供应链综合服务平台。该平台基于大数据、人工智能、物联网、区块链等新一代信息技术的应用，提供在线采购、内外贸易、智慧物流、智能仓储、供应链金融等综合供应链服务，打造全球领先的纺织服装产业供应链，引导形成国内领先的纺织服装现代化产业集群，推动全省纺织服装行业高质量发展。

华纺链还将分别与黄石市、襄阳市、鄂州市、孝感市、荆州市、黄冈市、仙桃市、潜江市、天门市等地的市级国有资本联合设立合资子公司，到2025年力争实现平台营业收入500亿元，推动全省纺织服装产业总产值实现超过5000亿元。

2023年3月　跨国公司产业链供应链创新合作论坛举行

2023年3月23日，2023"相约春天赏樱花"经贸洽谈暨世界500强对话湖北活动举行主题论坛，围绕跨国公司产业链供应链创新合作进行探讨交流，湖北省副省长陈平出席并致辞。

陈平指出，近年来湖北省委、省政府坚持以习近平新时代中国特色社会主义思想为指导，完整准确全面贯彻新发展理念，围绕产业链部署创新链、配套供应链、提升价值链，集中力量发展光电子信息、新能源与智能网联汽车、生命健康、高端装备、北斗等特色优势产业，加快打造"51020"现代产业集群，着力推进高水平对外开放，探索建设花湖机场内陆自由贸易港，持续优化营商环境，以更昂扬的姿态从内陆腹地迈向开放前沿，努力建设全国构建新发展格局先行区。

陈平表示，全球产业链供应链呈现多元化、近岸化、本土化发展趋势，湖北居中天元、腹地广阔，后发优势愈加明显。期待各位企业家朋友将产业链供应链向湖北延伸拓展，湖北将为广大投资者提供最优质服务、最优惠政策、最优越环境，让企业放心落地、安心发展。

2023年4月　湖北省委召开专题会议研究供应链平台建设

2023年4月，湖北省委召开专题会议，听取供应链平台建设情况汇报，研究部署下一步重点工作。湖北省委书记、省人大常委会主任王蒙徽主持会议并强调，要深入学习贯彻党的二十大精神，立足新发展阶段，完整准确全面贯彻新发展理念，牢牢把握高质量发展这个首要任务，以搭建供应链服务平台，重塑产业链、提升价值链，探索构建现代化产业体系的湖北路径，加快建设全国构建新发展格局先行区。

会议对供应链物流平台建设成效和汽车、纺织服装产业供应链平台建设进展给予肯定，强调要加强探索创新，努力创造更多可复制、可推广的经验做法。

会议强调，要牢牢把握新的战略机遇，从提升产业链供应链韧性和安全水平的高度谋划和推动高质量供应链物流体系建设。一是要发挥湖北省区位、交通等比较优势，建设战略性物资储备基地，打造全国大宗商品物流重要节点。二是要大力发展多式联运体系，加快建设长江水铁联运重要节点，完善鄂州花湖机场国际航空货运枢纽，以枢纽节点为载体，推进各类交通运输方式一体融合，打造新时代的"九省通衢"。三是要加快建设国际贸易"单一窗口"平台，打通信息壁垒，更好为企业提供口岸通关、跨境贸易、物流、金融等一站式服务，推进高水平对外开放。要面向湖北省传统优势产业和重点培育的世界级产业集群，以龙头企业为主导，打造质量高、韧性强的供应链平台，推动产业高质量发展。要把握汽车产业发展新趋势，从需求端做起，加快建设汽车产业供应链平台，推动湖北省汽车产业转型升级。要打造开源、开放的纺织服装产业供应链平台，推动湖北省纺织服装产业延链、补链、强链，建设全国纺织服装产业重要基地。

2023年4月　长江汽车产业供应链有限公司和湖北长江车百产业基金成立

2023年4月26日，长江汽车产业供应链有限公司和湖北长江车百产业基金在武汉成立。长江汽车产业供应链有限公司旨在打造贯通汽车产业链上下游的数智化服务型供应链综合平台，发展成为国内领先的汽车供应链平台公司，培育价值共享、互促共进的新型汽车产业供应链生态体系。湖北长江车百产业基金总规模达10亿元，由中国电动汽车百人会联合长江产业投资集团、武汉市、十堰市共同发起设立，将把握新能源与智能网联汽车发展新机遇，聚焦关键技术领域，围绕供应链生态体系开展投资布局，助推湖北省建立稳定、安全、可靠的汽车产业供应链体系。

2023年6月　长阳土家族自治县创新供应链合作"保姆式"服务

长阳清江水务投资控股集团有限公司是长阳土家族自治县所属一级国有企业。

2022 年以来，该集团通过"小切口"创新，成为连接政府与市场的桥梁纽带，全方位与优质企业开展供应链深度合作，用心用情打造供应链服务新模式。

近年来，长阳土家族自治县持续优化营商环境，以最大诚意、最优服务、最快速度为企业做好资金、政策、配套设施等各项要素保障，帮助企业解新题、破难题，全力支持企业做大做强。

2023 年 8 月　湖北省委召开专题会议 研究推进供应链平台建设

2023 年 8 月 16 日，湖北省委书记、省人大常委会主任王蒙徽主持召开省委专题会议，听取推进供应链平台建设有关情况汇报。

会上，湖北省发展改革委对起草的《湖北省以供应链体系重构为突破口 探索打造新时代九州通衢三年行动计划（2023—2025 年）》（以下简称《三年行动计划》）、《关于支持供应链平台健康发展的若干意见（试行）》（以下简称《若干意见》）和湖北九州医药供应链平台公司组建方案（以下简称《组建方案》）进行了汇报。

《三年行动计划》以"立足供应链、重塑产业链、提升价值链"为核心理念，通过打造物流"地网"、数字化"天网"、供应链"金网"、服务贸易"商网"为抓手，逐步形成具有国际影响力的供应链物流中心、信息中心、金融中心、贸易服务中心，加快打造融合、开放、通达的新时代"九州通衢"，努力走出循环畅通、全域开放之路。

《若干意见》明确供应链平台"公共性、开放型、市场化"的功能定位和促进"产业链协同、内外贸一体化、国企和民企融合，市场和政府更好结合"发展目标，提出打造"地网""天网""金网""商网"四网融合供应链平台的重点任务，以及政府赋能、支持、引导平台发展的具体举措，着力营造支持平台健康发展的市场环境和政策环境。

为聚合优质医药产业要素资源，促进产业链上下游深度融合，推动大健康事业健康可持续发展，满足人民群众日益增长的健康生活需求，湖北省发展改革委拟牵头组建湖北九州医药供应链平台公司，打造具有公共性、开放性的第三方医药产业数字化供应链综合服务平台。《组建方案》明确了平台公司的功能定位、股权及治理结构，提出了公司章程（草案）和合资经营协议书（草案）。

下一步，湖北省发展改革委将按照会议要求，对《三年行动计划》和《若干意见》修改完善后尽快印发实施，加快推进湖北九州医药供应链平台公司完成开户落户并开展实体化运作。

📅 2023 年 8 月　湖北省联合发展投资集团有限公司获评全国 5A 级供应链企业

作为中国企业 500 强，湖北省联合发展投资集团有限公司正不断做大做强供应链服务。2023 年 8 月 29 日，中国物流与采购联合会发布消息，湖北省联合发展投资集团有限公司获评全国 5A 级供应链企业（供应链最高级别企业），系全省首家。

📅 2023 年 8 月　湖北供应链物流公共信息平台正式发布

2023 年 8 月 31 日，湖北供应链物流公共信息平台在武汉市正式发布，湖北供应链物流公共信息服务股份有限公司同时揭牌。

该平台融合"五网"数据：实现了铁路信息资源的对接共享和集成展示；汇集了湖北省内 48 家港口码头及船舶船企信息、报港数据信息；接入全国 12 吨以上货车的基础信息和司机、运踪信息，后续将接入危险品公路货运信息；接驳了全省主要机场航空运输信息及邮政快递运踪业务信息；收集了省内 523 家园区及仓储数据信息和邮政快递运踪业务信息。

该平台将为三大群体赋能。其中，物流生产制造类企业、商贸流通类企业、物流运输类企业、金融机构等"链主"核心企业可一站式获取物流公共信息服务。中小企业可免费获得信息发布功能、供需撮合功能、履约结算功能、金融增信功能、全程可视功能等增值服务。同时，基于物流大数据分析，为政府经济运行监测、产业发展态势分析提供多维度的决策参考。

2023 年底前，该平台将实现"铁水公空"数据的"四网"融合，与华纺链厦门国贸、厦门象屿等供应链平台数据互联互通，注册用户约为 3000 家，交易额达 100 亿元。到 2025 年底，该平台将吸引更多省内外链上企业通过平台实现商业化应用，落户湖北省，着力打造有品牌影响力的长江航运价格指数，交易额达 200 亿元。

📅 2023 年 9 月　36 届国家物流企业授牌暨供应链创新发展大会在武汉召开

2023 年 9 月 27 日至 28 日，36 届国家物流企业授牌暨供应链创新发展大会在武汉召开。这是国内物流与供应链领域最有影响力的会议之一，对引领全国供应链创新发展具有重要意义。业内学者、行业协会及物流企业代表等近千人齐聚一堂，共谋如何推进中国式现代供应链体系建设和融合发展。

布局供应链，必须着眼全球大势。湖北省发展改革委相关负责人认为，受地缘政治等因素影响，当前全球一体化供应链转向区域化、集团化、本地化，过去以效率、成本等精益生产原则建立起来的供应链，正向韧性、柔性供应链体系转型。

中国物流与采购联合会副会长崔忠付分析，虽然我国物流高质量发展的前进道路已经明确，但各种不平衡、不充分、不协调问题纷繁复杂，行业发展的长期趋势与阶段性、短期性的问题叠加冲突，更需保持定力，走出现代物流高质量发展之路。

国家发展改革委综合运输研究所所长汪鸣认为，在百年未有之大变局之下，物流供应链行业也面临大变革。供应链行业的发展，正在从过去增量为主，向存量为主的模式转变。过去，由于供给和需求不断扩张，供应链行业迎来高速增长；今后，规模增长的时代虽然已过去，但创造价值的空间和机会反而来临。

从"九省通衢"迈向"九州通衢"，湖北省谋划"四网"融合路径：打造物流"地网"，构建高效便捷的物流支撑体系；打造供应链数字化"天网"，构建开放共享的信息服务体系；打造供应链"金网"，构建安全普惠的金融保障体系；打造服务贸易"商网"，构建内外贸一体化的市场拓展体系。

📅 2023 年 10 月　汉口北国际商贸城"海鲜链""鲜花链"正式上线

2023 年 10 月 25 日，武汉（汉口北）商品交易会（以下简称汉交会）开幕，汉口北国际贸易城两大产业链在汉交会期间正式上线——"海鲜链"实现源头采购、产地直销，创新发展"从大海到卖场，从源头到餐桌"的新型海鲜消费模式；"鲜花链"打造中国鲜切花供应链基地，亮出武汉市商贸文旅融合的新名片。

汉交会期间，占地 2.6 万平方米的汉口北渔人码头正式开业，成为湖北省海鲜批发的新增长极。为解决冰鲜运输等成本问题，汉口北与福建省、浙江省、江苏省、辽宁省等地码头建立战略合作，创新发展"从大海到卖场，从源头到餐桌"的新型海鲜消费模式，以源头采购、产地直销的方式去除赚差价的中间商，并依托卓尔智联集团旗下小雪冷链的物流能力，实现海捕冰鲜出水 20 个小时内直达餐桌，让消费者吃到平价海鲜。汉口北渔人码头配有冰鲜工厂、鲜活海市、活冻海产、工厂生切、体验式餐厅等功能区，并配套生鲜食材监测站确保食材安全。此外，海鲜二次加工园区、预制菜生产区、贴牌包装园区、全城冷链配送园区也在加速布局，助力汉口北打造华中最大的海鲜直供基地。

汉口北鲜花小镇是全国第二大的鲜切花恒温交易中心，仅次于昆明斗南花卉市场。汉口北通过与斗南花卉市场的战略合作，重塑了花卉产业供应链，实现"凌晨在斗南，下午在武汉"的基地冷链直供，采用带水运输、全程冷链、绿色包装，降低物流成本，提高花材品质。此外，汉口北还联合相关企业，开发了花卉精油、花茶、鲜花饼等衍生品，做大做强武汉市鲜花产业链。

2023年10月　湖北省供应链物流体系建设领导小组专题会议召开

2024年10月24日，湖北省供应链物流体系建设领导小组专题会议召开，研究部署全省供应链物流体系建设重点工作。湖北副省长盛阅春出席会议并讲话。

盛阅春听取了全省供应链物流体系建设总体情况汇报，审议重点领域三年行动计划及供应链考核指标体系有关内容。他指出，在省委、省政府高位推进下，各地各有关部门主动作为、靠前服务，搭起"四梁八柱"，补强基础设施，一批供应链平台建设、供应链金融试点稳步开展，全省供应链体系建设得以全面、系统地推进，工作进展迅速，开局良好。

盛阅春强调，构建现代供应链体系有助于提升价值链的创造力和产业链的控制力，加快产业转型升级，为经济增长增添新动能。各单位各部门要提高站位、明势思为、坚定发展信心；要对标国内先进省市，看清发展差距，看清比较优势；要乘势而上，找准关键环节，推动供应链与交通链衔接、与产业链共生、与信息链融通、与金融链对接；要造势得胜，把供应链体系建设重点任务纳入督办事项，健全监督约束、考核奖惩机制，强化保障举措，推进目标达成，加快推动高质量供应链体系建设。

2023年11月　湖北省供应链物流体系建设领导小组会议暨工作推进会召开

2023年11月1日，湖北省供应链物流体系建设领导小组召开会议，深入贯彻习近平总书记关于建设现代流通体系的重要指示精神，进一步统一思想、明确任务、加大力度、破解难题，加快构建现代供应链物流体系，为建设全国构建新发展格局先行区提供坚实支撑。

会议指出，在湖北省委坚强领导和各相关方面共同努力下，湖北省供应链物流体系建设取得积极进展，工作体系和推进机制更加完善，物流基础设施加快提档升级，供应链平台发展实现快速突破，服务现代化产业体系建设的功能持续增强。当前，全球产业链供应链发展呈现内向化收缩、本土化转移、区域化集聚等新动向，湖北省供应链体系建设还处在起步阶段，存在不少短板。要强化观念转变，树立产业意识、效率意识、系统意识、开放意识、安全意识，按照"协同赋能、优质服务，便捷高效、循环畅通，串珠成线、织密成网，链接全球、融入国际，自主可控、安全可靠"要求，以更高标准加快构建现代供应链物流体系，更好重塑产业链、提升价值链。

会议强调，要强化基础支撑，加快"铁水公空"等重大项目建设，完善农村寄递物流网络，着力打造交通运输大动脉、畅通物流末端微循环、提升物流行业智慧化水平，加快构建互联互通、快联快通、多式联运的现代化交通物流体系。要强化平台建设，围绕构建"51020"现代产业体系布局供应链平台，扩大覆盖范围，壮大"链主"企业，增强服务功能，奋力打造高效服务产业发展的供应链体系。要强化数智赋能，加强供应链物流公共信息平台、国际贸易数字化平台等建设，更大力度打造"数智中枢"，推进数据开放共享，强化数字技术创新应用，全面提升供应链现代化水平。

会议要求，各级各部门要强化服务保障，解放思想、大胆探索、迎难而上，持续夯实金融支撑，加大资金供给，完善政策保障，狠抓政策落实，以控制成本为核心不断优化营商环境，努力为供应链体系发展创造最优生态。要强化协同联动，压实各方责任，优化推进机制，严格督办考核，对存在问题列出清单、销号管理，确保供应链物流体系建设各项任务落地见效。

2023年11月 黄石大冶湖高新区首届产品展销会暨重点产业链供应链企业供需对接会举行

2023年11月14日，黄石大冶湖高新区首届产品展销会暨重点产业链供应链企业供需对接会举行，来自高新区的58家新能源与智能网联汽车、先进材料、生命大健康、高端装备制造、电子信息、现代服务业的重点产业代表参加，进行产业链和供应链供需对接，立中车轮集团、湖北博净环保科技有限公司等8家园区企业签订合作协议。

该供需会旨在丰富大中小企业融通对接渠道，推动中小企业融入大企业供应链，促进产业链上下游资源有效衔接，助推技术、资本、服务等创新动能集聚。

📁 2023年11月　孝感市"加快商贸物流产业集群发展 助力先行区建设"新闻发布会召开

2023年11月17日，湖北省政府新闻办召开孝感市"加快商贸物流产业集群发展助力先行区建设"新闻发布会，重点介绍首衡城·华中国际食品产业新城项目建设情况。

孝感市正加快建设华中地区商贸物流和供应链基地，构建起以食品产业为主轴的商贸流通全产业链体系。首衡城项目位于孝南区毛陈镇，紧邻武汉市，由中国农产品流通领域标杆企业、全国农业产业化重点龙头企业首衡集团有限公司（以下简称首衡集团）打造，总投资为300亿元，总规划占地为8000亩，分供应链市场、产业链延伸和服务链配套三大板块，打造"全业态、全产业链"农产品交易平台。

孝感市将围绕提升产业链供应链韧性和安全水平，在首衡城积极搭建"1+4"智慧供应链平台。"1"即指挥调度中心，"4"即物流"地网"、数字化"天网"、供应链"金网"、服务贸易"商网"，依托真实的食品农产品交易数据，在国内精准匹配供需两端，在国际提供海外代采和集采、一站式物流、海外仓建设等服务，促进人流、物流、资金流、信息流高效联通。

首衡城"四网"融合理念是推进供应链平台体系建设的前瞻性探索。数字化"天网"是基础，首衡集团已经开发电子结算、仓储管理、车辆管理等13个信息化系统，后续预计还将投入1.7亿元加大信息化建设；物流"地网"是纽带，首衡集团与全国21个上游货源主产区建立了骨干物流网络专线，首衡城会搭建13条物流支线，并与1000多家物流公司拉通业务，整合2万多台物流车辆保障运力；供应链金融"金网"是支撑，首衡城与20余家金融机构对接，合作开展代理采购、仓单质押、融资租赁、保理等业务，为前端种植、中间流通和生产环节提供资金支持；服务贸易"商网"是导向，首衡集团与全球20多个国家和地区的1000多家供应商建立了合作关系。

📁 2023年12月　华中区域应急物资供应链与集配中心项目正式开建

2023年12月26日，华中区域应急物资供应链与集配中心项目在鄂州市临空区动工，总投资为 3.17 亿元，占地 149 亩，建设"三中心一平台"，即应急物资储备中心、应急救援装备集配中心、应急物资供应链中心、捐赠物资管理平台。

华中区域应急物资供应链与集配中心是湖北省第一个应急管理重大项目，先后被纳入《湖北省国民经济和社会发展第十四个五年规划和二〇三五年远景目标纲要》《关于加快现代供应链体系建设 全力打造新时代九州通衢三年行动计划（2023—2025 年）》等，受到高度重视和广泛关注。